TASCHENBUCH LITERATURWISSENSCHAFT

Ein Studienbegleiter für Germanisten

von
Edgar Papp

ERICH SCHMIDT VERLAG

Die Deutsche Bibliothek – CIP-Einheitsaufnahme

Papp, Edgar:
Taschenbuch Literaturwissenschaft : ein Studienbegleiter
für Germanisten / von Edgar Papp. – Berlin : Erich Schmidt, 1995
  ISBN 3-503-03704-7

Umschlagabbildung:
Vorlesung des Henricus de Alemania.
Miniatur von Laurencius de Voltolina,
2. Hälfte des 14. Jahrhunderts.
Original: Kupferstichkabinett SMPK Berlin.
© Bildarchiv Preußischer Kulturbesitz, Berlin 1995.

ISBN 3 503 03704 7

© Erich Schmidt Verlag GmbH & Co., Berlin 1995
Druck: Hans Kock Buch- und Offsetdruck GmbH, Bielefeld
Printed in Germany · Alle Rechte vorbehalten

Dieses Buch ist auf säurefreiem Papier hergestellt
und entspricht den Frankfurter Forderungen zur Verwendung
alterungsbeständiger Papiere für die Buchherstellung.

Vorwort

Das vorliegende Buch ist aus der akademischen Lehre hervorgegangen. Es verdankt seine Entstehung dem Impuls, der von dem *Taschenbuch Linguistik. Ein Studienbegleiter für Germanisten* (Erich Schmidt Verlag 1994) meines Vechtaer Kollegen Wilfried Kürschner ausging. Wie dieses wendet sich auch das Taschenbuch Literaturwissenschaft vornehmlich an Studienanfänger und behandelt solche Studienbereiche; die im literaturwissenschaftlichen Teil des Studiums immer wieder Schwierigkeiten bereiten. Was bei Kürschner ausführlich behandelt wurde und auf die Literaturwissenschaft übertragbar ist (z. B. Hinweise zu Seminararbeiten, Leitfaden für die Gestaltung von Typoskripten), mußte hier nicht wiederholt werden. Anderes, was dort nur angedeutet war, ist hier ausführlicher behandelt (z. B. Kapitel 2 "Anleitung zum Bibliographieren").

Am Anfang steht eine historische und systematische Übersicht über das Fachgebiet Literaturwissenschaft, die die Verhältnisse am bisherigen Tätigkeitsort des Verfassers und an einigen anderen Universitäten widerspiegelt. Darin werden Fachstruktur und eine Fachbibliotheksstruktur parallelisiert. Was mich dazu bewogen hat, ist die Hoffnung, daß der studentische Leser dieses Buches sich anregen läßt, seine Bibliothek auf der Suche nach den Inhalten seines Studienfaches, wie sie zwischen den Buchdeckeln verborgen sind, zu erkunden, auch wenn diese Bibliothek etwas anders aussehen sollte als das gewählte Modell.

Die "Anleitung zum Bibliographieren" führt den Studenten wiederum in die Bibliothek. Die hier vorgestellte Methode ist einfach, aber effektiv. Sie vermittelt dem Anfänger eine Basis und führt ihn in den Teil der Bibliothek, in dem die anderen bibliographischen Hilfsmittel stehen, die er sich im Laufe der Zeit erarbeiten muß.

Die beiden Repertorien zur Metrik und Rhetorik eignen sich zu geschlossener Lektüre, sollen aber vornehmlich zum Auffinden und Nachschlagen genutzt werden können mit anschließender Vertiefung in der genannten weiterführenden Literatur.

Das Kapitel "Anregungen - Lektüre für Germanisten" beruht auf einer Lektüreliste für die Germanistikstudenten in Vechta, zu der auch andere Kollegen an dieser Universität ihre Vorschläge beigesteuert haben. Für die Zwecke dieses Taschenbuchs wurde diese Liste einerseits stark gekürzt, andererseits um den Teil "Kinder- und Jugendliteratur" ergänzt.

Die Anordnung der "Basisliteratur Literaturwissenschaft" steht in Zusammenhang mit der in Kapitel 1 genannten Bibliothekssystematik, ohne
ihr jedoch in alle Verästelungen zu folgen. Sie wählt, besonders bei älteren Titeln, stark aus und weist notwendigerweise Lücken auf. Breiter als
in anderen Darstellungen sind literaturdidaktische Nachschlagewerke, Ab-
handlungen und Zeitschriften berücksichtigt. Der letzte Teil soll schon
den Studienanfänger ermutigen, sich über die großen Nachschlagewerke
auch jenen Fachgebieten zu nähern, die eng mit der Literaturwissenschaft
verbunden sind. Eine Ordnung nach Typen wie im *Taschenbuch Linguistik* (Arbeitsbuch, Bibliographie, Darstellung, Einführungswerk, For-
schungsbericht, Handbuch, Lehrbuch, Nachschlagewerk, Reader, Text-
sammlung, Zeitschrift u. a.) erwies sich für das *Taschenbuch Literaturwissenschaft* als nicht notwendig, da die meisten der aufgeführten Werke
Darstellungen/Monographien sind und durch die Binnengliederung er-
kennbar ist, um welchen Typus es sich handelt. Das Kapitel schließt mit
Vorschlägen für eine Handbibliothek, die ihren Platz im Arbeitszimmer
des Studenten haben sollte, und für eine Bibliothek des "täglichen Bedarfs", die - im Wissen um ihre Existenz, ihren Bibliotheksstandort, ihr
Aussehen und die Art ihrer Benutzung - ihren Platz im Kopf des Studenten haben muß.
Das Fachgebiet "Ältere deutsche Literatur" (auch: "Germanistische
Mediävistik") wurde - mit Ausnahme der Lektüreliste und knapper Andeutungen im Metrikkapitel - aus Raumgründen ausgespart: Hierzu wird
ein *Taschenbuch Mediävistik. Ein Studienbegleiter für Germanisten* erscheinen.

Hinweise auf Verbesserungsmöglichkeiten nehme ich dankbar entge-
gen (Adresse: Georg-August-Universität Göttingen, Seminar für Deutsche
Philologie, Humboldtallee 13, D-37073 Göttingen).

August 1995   Edgar Papp

Inhalt

1. Literaturwissenschaft: Geschichte, Gliederung

Die Universitätsgermanistik ist ein relativ junges Fachgebiet. Der erste germanistische Lehrstuhl wurde 1810 in Berlin eingerichtet: Inhaber war der Altgermanist Friedrich Heinrich von der Hagen (1780-1856). Bis weit in das 19. Jahrhundert hinein war das Studium der Germanistik ausschließlich beschränkt auf die Beschäftigung mit älterer deutscher Sprache und Literatur. Anregungen, sich auch wissenschaftlich mit der Gegenwartsliteratur zu beschäftigen, gehen zwar schon auf Lessing und Herder zurück, doch sollte es noch bis in die zweite Hälfte des Jahrhunderts dauern, bis sich die (germanistische) Literaturwissenschaft als eigenes Fachgebiet in Wissenschaftsorganisation, Studium und Prüfung fest etablieren konnte. Dies geschah in dem Maße, als sie gegenüber den traditionellen philologischen Untersuchungsmethoden der Altgermanistik neue und eigene Ansätze entwickelte. Wesentlich dafür waren insbesondere die dem Positivismus verpflichteten Forschungen Wilhelm Scherers (1841 - 1886), dessen richtungsweisende Literaturgeschichte 1883 erschien.

Die germanistische Literaturwissenschaft war im Unterschied zu den entsprechenden Teilgebieten der Anglistik und Romanistik stets sehr stark von Strömungen des Zeitgeistes beeinflußt. In den Zeiten ihrer Begründung war ihr eine patriotisch-chauvinistische Gesinnung eigen. Die politische, gesellschaftliche und wissenschaftstheoretische Entwicklung der letzten 200 Jahre spiegelt sich wider in der Aufeinanderfolge der verschiedenen Methoden des Faches germanistische Literaturwissenschaft. In zeitlicher Folge sind dies (in vergröbernder Zusammenfassung): positivistische (Wilhelm Scherer), psychologische (Ernst Elster), geistesgeschichtliche (Wilhelm Dilthey, Paul Kluckhohn), nationalistisch-völkische, formalistische (Max Kommerell, Günther Müller), werkimmanente (Emil Staiger, Benno von Wiese) Literaturwissenschaft. Seit der Mitte des 20. Jahrhunderts, nachdem die deutsche Germanistik aus ihrer Isolation heraustreten konnte, folgten die verschiedenen Methoden in immer schnellerer und direkterer Folge und nahmen in zunehmendem Maße internationale Anregungen auf: linguistische Methoden des russischen Formalismus, des Strukturalismus, der generativen Grammatik, soziologische Methoden des anthropologischen Strukturalismus (Lévi-Strauss, Goldmann), naturwissenschaftlich-mathematische Methoden, materialistisch-sozialistische Literaturbetrachtung, Literatursoziologie, Rezeptionsforschung, feministische Literaturwissenschaft.

Alle diese Forschungsrichtungen wurden und werden, entsprechend Ausbildung, Neigung und Schwerpunkten der akademischen Lehrer, an vielen Universitäten in Lehre und Forschung betrieben. Der Student ist gut beraten, wenn er im Sinn des Methodenpluralismus nicht nur die Forschungsrichtung "seiner Professorin/seines Professors", sondern auch die Grundgedanken anderer wichtiger Methoden kennt und anzuwenden in der Lage ist. Seminare, die in die literaturwissenschaftliche Methodenlehre einführen, werden oft angeboten.

Neben der germanistischen Literaturwissenschaft steht an vielen Universitäten das Fach "Allgemeine und Vergleichende Literaturwissenschaft". Es ist als Studienfach nicht an allen Universitäten vertreten, der Student begegnet ihm aber in der Regel in der Buchaufstellung der Universitäts- oder Seminarbibliothek. Die Allgemeine Literaturwissenschaft beschäftigt sich unter starker theoretischer Ausrichtung mit Fragen, die die Literatur insgesamt betreffen, besonders Theorie und Methodologie. Da es naheliegt, während des Studiums den Gesichtskreis mit dem Blick auf andere Literaturen zu erweitern, ist das Fach häufig mit der Vergleichenden Literaturwissenschaft verbunden, die sich einerseits mit internationalen und interkulturellen Aspekten von Literatur, andererseits mit der Beziehung von Literatur zu anderen Künsten und Medien befaßt und stark mit anderen geisteswissenschaftlichen Fachgebieten wie Philosophie, Psychologie, Soziologie verbunden ist. Bei Fragen der Gattungspoetik und Formgeschichte, der Stoff- und Motivgeschichte, der Rhetorik und Topik, der literarischen Wertung usw. kommt der Germanistikstudent auch in Berührung mit diesem Gebiet.

An manchen Universitäten ist die Germanistik eine engere Verbindung mit den neueren Forschungsrichtungen Informations- und Medienwissenschaft eingegangen, an anderen besteht (als Tradition aus dem vorigen Jahrhundert) eine enge Verbindung zur Skandinavistik und Niederlandistik fort.

Angesichts der großen Differenziertheit der Forschungsrichtungen ist es unmöglich, auf knappem Raum die Struktur des Faches Germanistische Literaturwissenschaft zu beschreiben. Ich wähle, wie in anderen Kapiteln dieses Taschenbuchs auch, einen praxisorientierten Zugang: den über die Buchaufstellung in einer germanistischen Bibliothek. Denn bereits in den ersten Studiensemestern kommt der Student in Berührung mit der Seminar- bzw. Institutsbibliothek oder mit der sogenannten Freihandaufstellung der Universitätsbibliothek, in der ein Grundstock an Literatur für erste Information bereitsteht. Nun spiegelt die Systematik dieser Aufstellungen keineswegs die Systematik des Faches vollständig, sie ist aber durch ihre Praxisorientiertheit eine wertvolle Ergänzung zu den mehr theoretisch orientierten Versuchen einer Fachgliederung. Auf jeden Fall sollte der Student "seine" Bibliothek so gut kennen, daß er auf dem Weg zu den wichtigsten Teilgebieten nicht auf Kataloge oder sonstige Leitsysteme angewiesen ist.

Weit verbreitet, etwa in der hier als Modell dienenden Aufstellungssystematik der Gesamthochschulen Nordrhein-Westfalens, ist eine zwei- oder dreigliedrige Aufstellung der Buchbestände: Allgemeine (Sprach- und) Literaturwissenschaft, germanistische (Sprach- und) Literaturwissenschaft, Didaktik der deutschen (Sprache und) Literatur.

In der Abteilung "Allgemeine und Vergleichende Literaturwissenschaft" finden sich zunächst die die Fachgrenzen übergreifenden Nachschlagewerke, Bibliographien und Sammelschriften sowie Fachliteratur zu Textkritik und Edition als Grundlegung jeder Philologie. Werke zur Literaturtheorie und Literarästhetik, zur Werk- und Textbeschreibung (einschließlich Stoff- und Motivgeschichte) sowie zur Kultur-, Geistes- und Ideengeschichte schließen sich an. Den engeren Bereich der Literatur betritt man mit den Abteilungen "Literaturkritik" und "Allgemeine und vergleichende Literaturgeschichte" (Poetik, Gattungslehre, Literaturbeziehungen), das eigentliche Zentrum dieses Forschungsgebietes.

Das Fachgebiet "Germanistik" ist wie alle Einzelphilologien vom Allgemeinen zum Besonderen gegliedert, d. h. vom allgemeinen Nachschlagewerk bis zu Werken eines Autors und der Literatur über ihn.

Im "Allgemeinen Teil" finden sich (germanistische) Bibliographien, Informationen über Fach und Studium, Sammel- und Festschriften, Sachlexika, Werke zur Theorie und Methodenlehre der Germanistik. Es folgen die Monographien zur "Deutschen Literatur insgesamt", alle Epochen umgreifende Darstellungen zu Literaturwissenschaft, Literaturtheorie, Literaturgeschichte, Gattungen, Stoff- und Motivgeschichte.

Anschließend sind, zumindest in der hier als Modell dienenden Bibliothekssystematik, die Werkausgaben und die Sekundärliteratur, gegliedert nach den Epochen der deutschen Literatur, aufgestellt. Die sprachwissenschaftlichen Darstellungen sind jeweils inkorporiert:
- althochdeutsche und altsächsische (Sprache und) Literatur,
- mittelhochdeutsche und mittelniederdeutsche (Sprache und) Literatur,
- neuhochdeutsche (Sprache und) Literatur.

Alle drei Teile sind innerhalb des Teilgebiets Literatur nach dem gleichen Prinzip gegliedert: Literaturgeschichte, literarische Gattungen, deren Formen und Probleme, Stoff- und Motivgeschichte, Textsammlungen, Autoren und Zeugnisse. Entsprechend der Überlieferungsbreite wird die Binnengliederung seit dem 16. Jahrhundert differenzierter, insbesondere trägt die Systematik neueren Forschungsrichtungen (z. B. Stillehre, Literatursoziologie, Literaturpsychologie) Rechnung. Auch die Binnengliederung zur Literaturgeschichte und zu den literarischen Gattungen ist feiner.

Die Werke der Autoren und die Literatur über sie sind in allen Bibliotheken nach einem festen Prinzip aufgestellt, in unserem Modell wie folgt:

- Werkausgaben
- Autobiographisches
- Einzelausgaben von Werken
- Bibliographien und Forschungsberichte
- Gesamtdarstellungen über den Autor
- Biographie
- Geistige Welt, Beziehungen, Wirkung
- Ästhetische Fragen, Motive, Stoffe
- Sprache, Stil, Formen
- Literatur zu einzelnen Werken

Auf der Basis der Bibliotheksstruktur sollte es möglich sein, daß der Student alsbald erste Kenntnisse der Fachstruktur erwirbt, grundlegende Literatur kennenlernt und Fertigkeiten in der Ermittlung von Primär- und Sekundärliteratur für Seminar- und Examensarbeiten einübt (vgl. dazu Kapitel 2: "Anleitung zum Bibliographieren").

2. Anleitung zum Bibliographieren

Grundlage jeder wissenschaftlichen Arbeit ist die Auseinandersetzung mit bereits publizierten Forschungsergebnissen. Auf ihnen gilt es aufzubauen. Der Studienanfänger wird sich zunächst darin üben, diese Ergebnisse zu referieren, zu vergleichen und versuchsweise zu bewerten. Zuvor jedoch muß er die Veröffentlichungen auffinden, und zwar in der originalen Fassung. Auf Wiedergabe einer Forschungsmeinung aus zweiter Hand sollte man sich nie verlassen. Grundlegende Kenntnisse im Auffinden von Schrifttum, also im Bibliographieren, muß sich jeder Student möglichst früh aneignen.

Die Methode des Bibliographierens ist ausführlich in mehreren Einführungswerken beschrieben und sollte von Studenten, die eine Examensarbeit oder eine Promotion vorbereiten, gründlich durchgearbeitet werden: vgl. z. B. Blinn (Nr. 20, S. 25-28), Meyer-Krentler (Nr. 7; S. 74-83) und Raabe (Nr. 19, S. 75-85). Für das Erfassen von Primärliteratur gelten besondere Regeln. Für Seminararbeiten ist der zu behandelnde Primärtext und die Ausgabe meist vorgegeben.

Im folgenden soll eine Methode des Bibliographierens von Sekundärliteratur für Studienanfänger entwickelt werden, die meist auch den Anforderungen an die Literatursammlung für eine schriftliche Seminararbeit bzw. ein mündliches Referat im Hauptstudium genügt. Die Empfehlungen sind in kurzen Regeln zusammengefaßt. Ein einfaches und auf wenige Angaben reduziertes Beispiel illustriert diese. Es ist sinnvoll, die einzelnen Schritte durch Nachschlagen in den genannten Werken zu verfolgen, um die Bibliographiermethode zu üben.

Bibliographier-Regeln

Regel 1
Vergewissern Sie sich über den genauen Titel Ihrer Arbeit und die Bedeutung der Aufgabenstellung. Im Zweifelsfall sprechen Sie darüber mit dem Seminarleiter.

Regel 2
Leiten Sie aus der Aufgabenstellung neben dem Namen des zu behandelnden Autors, eines Werkes, einer Gattung usw. eines oder mehrere

Stichwörter/Schlagwörter ab, die Leitfaden Ihrer bibliographischen Nachforschungen sind. Wählen Sie die Begriffe nicht zu umfangreich.

Regel 3
Suchen Sie anhand der Namen, Begriffe usw. erste Information in allgemeinen Nachschlagewerken:
  - Konversationslexika (z. B. Brockhaus Enzyklopädie, Meyers Enzyklopädisches Lexikon, New Encyclopaedia Britannica);
  - biographische Nachschlagewerke (z. B. ADB, Nr. 339; NDB, Nr. 338; DBA, Nr. 337; DBE Nr. 336; DBA NF, Nr. 335);
  - literaturwissenschaftliche Wörterbücher (z. B. MLL, Nr. 151; Wilpert Sachwb., Nr. 152; KLL, Nr. 148; KNLL, Nr. 145);
  - Fachlexika und Standardwerke der Nachbarwissenschaften (vgl. Kap. 6: "Basisliteratur", Abschnitt 5).

Regel 4
Wählen Sie aus den meist vorhandenen bibliographischen Angaben der nach Regel 3 befragten Darstellungen einen oder mehrere Titel aus, die entweder umfassend sind oder Ihrer Themenstellung nahekommen und in den letzten Jahren (!) erschienen sind. Nehmen Sie die Veröffentlichung(en) zur Hand, und achten Sie darauf, daß Sie auf eine wissenschaftliche (!) Abhandlung gestoßen sind. Suchen Sie aus deren Literaturverzeichnis (sog. "versteckte Bibliographie") weitere Veröffentlichungen heraus, in denen Ihr Thema behandelt ist. Setzen Sie dieses sogenannte Schneeballsystem durch die Literaturnachweise einiger anderer Werke fort, bis Sie bemerken, daß Sie immer wieder auf Ihnen schon bekannte Titel stoßen. Beachten Sie aber, daß Sie mit diesem System immer nur retrospektiv bibliographieren, d. h. rückwärtsgerichtet vom Datum der Publikation aus.

Regel 5
Wenn Sie bei dieser Art von Recherche auf eine Bibliographie der Primär- bzw. Sekundärliteratur stoßen, ziehen Sie diese unbedingt heran. Beachten Sie, ob es sich um eine Auswahlbibliographie oder eine Vollständigkeit anstrebende Bibliographie handelt. Im letzten Fall können Sie auf den dort genannten Angaben aufbauen, ohne noch einmal selbst bibliographische Daten ermitteln zu müssen. Beachten Sie den Redaktionsschluß der Bibliographie, der in der Regel genau benannt ist.
An dieser Stelle Ihrer Recherche können Sie auch abgeschlossene Fachbibliographien hinzuziehen, z. B. Hansel/Tschakert (Nr. 21), Köttelwesch (Nr. 30), Internationale Bibliographie (Nr. 32). Solche Werke sind Auswahlbibliographien, die schnell veralten. Als Basis weiterer Suche sind sie sinnvoll zu verwenden.

Regel 6

Versuchen Sie, auch über die Grundlagenwerke von Raabe (Nr. 19), Blinn (Nr. 20) oder Hansel/Tschakert (Nr. 21) zu ermitteln, ob zu Ihrem Thema eine Spezialbibliographie oder eine Ihnen bislang entgangene "versteckte" Bibliographie erschienen ist, und ziehen sie diese heran.

Regel 7

Sofern die Universitätsbibliothek an Ihrem Studienort über ein EDV-Bibliotheksinformationssystem verfügt, das deren Bestände erschließt oder an ein Verbundnetz (z. B. "BIBLIODATA", "Göttinger Verbund", "Bibliotheksrechenzentrum für Niedersachsen [BRZN]" bzw. andere regionale Verbundnetze, "MLA Bibliography"; vgl. Blinn, Nr. 20, H 130, 135, 150) angeschlossen ist, nutzen Sie den Zugriff über den Autornamen, über Titelstichwörter (das von Ihnen gewählte Wort kommt in genau dieser Form im Titel der Werke vor) oder über Schlagwörter (kurze Kennzeichnung des Inhalts einer Schrift durch einen möglichst engen Begriff, inhaltsbeschreibender Terminus) oder Schlagwortketten. Bilden Sie Schnittmengen ausgehend von zwei oder mehr Stichwörtern bzw. Schlagwörtern. Beachten Sie bei dieser Art von Literaturrecherche, daß Sie in der Regel nur Nachweise über selbständige Veröffentlichungen ("Bücher") erhalten. Aufsätze in Zeitschriften oder Sammelwerken müssen Sie meist noch auf andere Weise ermitteln (vgl. Regel 4 und Regel 9). Allerdings dürften auch unselbständige Veröffentlichungen bald über die Verbundnetze abrufbar werden, z. T. hat die Einspielung bereits begonnen.

Regel 8

Schließen Sie die Lücke zwischen den Ergebnissen Ihrer bisherigen Recherchen und der Gegenwart durch Beiziehung von laufenden Fachbibliographien und Referatenorganen. Das sind Bibliographien, die periodisch (meist jährlich oder vierteljährlich) erscheinen. Ziehen Sie bei Anwendung des Schneeball-Systems vom Datum der Publikation Ihrer Ausgangs-Monographie (vgl. Regel 4) zur Sicherheit zwei Jahre ab, und beginnen Sie bei diesem Jahr mit der weiteren Suche. Überlappungen bestätigen, daß Sie effektiv gearbeitet haben.

Regel 9

Machen Sie sich zunächst mit der Anlage der laufenden Fachbibliographien vertraut. Die Jahresbände sind durch ein Inhaltsverzeichnis und durch Register (meist ein Namen- und Sachregister) zu erschließen. Die Literatur in Fachzeitschriften und Sammelwerken wird stets abgekürzt zitiert, um Platz zu sparen. Die Kurztitel sind über spezielle Verzeichnisse aufzuschlüsseln. Erst nach der genauen Ermittlung des Titels dieses Sammelwerks bzw. des Namens und des Bandes/Jahrgangs der Zeitschrift (und den Seitenzahlen des Beitrags) können Sie die Veröffentlichung in Ihrer Bibliothek oder in der Fernleihe bestellen.

Die wichtigsten (deutschen) periodischen literaturwissenschaftlichen Fachbibliographien sind: "BDSL" (Nr. 36) und "Germanistik" (Nr. 37). Suchen Sie in jedem Jahresband die Literatur zu Ihrem Thema ausgehend vom Personen- und/oder Sachregister. Sofern eine Bibliographie in einzelnen Heften oder Lieferungen erscheint (z. B. die "Germanistik"), so ziehen Sie unbedingt auch diese heran. Sie verkürzen damit den Abstand zur Gegenwart.

Wenn Sie die Ermittlung von Sekundärliteratur bis zu diesem Schritt verfolgt haben, sind Sie bis fast an die Gegenwart herangekommen und können im Normalfall die Literaturermittlung beenden.

Regel 10
Wenn Ihr Thema von besonderer Aktualität ist, kann es sich als sinnvoll erweisen, eine noch näher an die Gegenwart heranführende periodische Allgemeinbibliographie zu benutzen. Fragen Sie in Ihrer Universitätsbibliothek nach der "Deutschen Nationalbibliographie" und dem "Verzeichnis lieferbarer Bücher (VLB)" (als Druckwerk oder CD-ROM-Fassung), und lassen Sie sich deren Benutzung erläutern. Achten Sie auch hierbei auf den Redaktionsschluß. Mit diesen Bibliographien ermitteln Sie jedoch wiederum nur selbständig erschienene Werke (vgl. Regel 7).

Wenn Ihnen im Verlauf Ihrer Literaturrecherche einige Fachzeitschriften aufgefallen sind, die oft einschlägige Beiträge zu Ihrem Thema enthalten, lohnt es sich, die letzten Jahrgänge und die ungebundenen Einzelhefte des laufenden Jahrgangs einzusehen, die in jeder Bibliothek ausliegen. Beachten Sie darin auch die meist am Ende des Heftes vorhandene Liste "Eingetroffene Bücher". In einigen Fällen (z. B. bei Ermittlung erster Rezensionen über einen neuen Roman, ein neues Theaterstück u. a.) kann es auch sinnvoll sein, die großen überregionalen Tages- oder Wochenzeitungen regelmäßig zu lesen oder einen Zeitungsausschnittsdienst zu befragen (Anschriften bei Blinn, Nr. 20: H 110 und H 115).

Beispiel zur Anwendung

Zu Regel 1
Das Thema Ihrer Arbeit lautet: "Raum, Zeit und Erzähler in Franz Kafkas Erzählung 'Der Schlag ans Hoftor'". Ihre Aufgabe besteht also darin, die Raumangaben und Zeitverhältnisse in der genannten Erzählung, den Vorgang des Erzählens und die Stellung des (Ich-)Erzählers darin zu untersuchen.

Zu Regel 2

Leitfaden Ihrer Recherche sind neben "Kafka", "K.s Erzählungen" und dem Werktitel "Der Schlag ans Hoftor" Stich- bzw. Schlagwörter wie "Raum/Literatur", "Zeit/Literatur", "Erzählen", "epische Technik", "Narratologie", "Erzähler" usw. (Stichwörter aus dem Sachregister der "Germanistik").

Zu Regel 3

Sie schlagen in Band 11 der Brockhaus-Enzyklopädie (19. Aufl., 1990) unter "Kafka, Franz" nach und finden in den bibliographischen Angaben am Ende des Artikels u. a. folgende Angaben:

- R. Hemmerle: F. K. Eine Bibl. (1958).
- K.-Hb. in zwei Bden., hg. v. H. Binder (1979).
- M. L. Caputo-Mayr u. J. M. Herz: F. K. Eine kommentierte Bibl. der Sekundärlit. (Bern 1987).
- Hartmut Müller: F. K. Leben - Werk - Wirkung (1985).

Zu Regel 4

Sie wählen zunächst die umfassende Monographie von Binder aus und finden in Band 2, der sich mit dem Werk Kafkas befaßt, über das Register vier Seitenangaben zu der zu untersuchenden Erzählung; die Zentralstelle ist S. 319. Die dort abgekürzt zitierte Literatur finden Sie am Ende des Abschnitts auf S. 348 - 350 aufgeschlüsselt. Besonders wichtig erscheinen Ihnen zwei Beiträge:

- H. S. Reiss, Zwei Erzählungen Franz Kafkas. In: Trivium 8 (1950) S. 218 - 242.
- W. Kraft, F. K. Durchdringung und Geheimnis. Frankfurt a. M. 1972, hier: S. 175 -177.

Sie haben jetzt einige wichtige Untersuchungen zu der Erzählung gefunden, die vor 1977 (Erscheinungsdatum von Binder 1979 minus 2) erschienen sind.

Zu Regel 5

Die Bibliographie von Marie Luise Caputo-Mayr und Julius M. Herz führt Sie einige Jahre weiter in die Gegenwart: auch hier finden Sie im Register 3 Seitenangaben zu der von Ihnen zu untersuchenden Erzählung. Beim Nachschlagen entdecken Sie Ihnen bereits bekannte Veröffentlichungen und einen jüngeren Zeitschriftenbeitrag:

- Ingeborg Scholz, Die Thematik von Schuld und Strafe in Kafkas Erzählung 'Der Schlag ans Hoftor'". In: Literatur für Leser (1981) S. 150 - 155.

Mittlerweile sind Sie aufmerksam geworden auf die Monographie von Ludwig Dietz über Kafka, die in 2. Auflage 1990 in der Sammlung Metzler als Band 138 erschienen ist. Das Vorwort ist datiert auf den 1.10.1989, so daß Sie davon ausgehen können, daß darin die Sekundärliteratur bis Anfang 1989 erfaßt ist. Auf S. 97 finden Sie drei Ihnen schon bekannte Literaturangaben.

Zu Regel 6

Aus den Handbüchern von Raabe und Blinn entnehmen Sie, daß Sie keine wesentliche Bibliographie übersehen haben. Sie erhalten aus Blinn (Nr. 20, S. 160, D 2776) die Information, daß eine erweiterte und ergänzte Auflage der Bibliographie von Caputo-Mayr für 1994 vorgesehen ist: Prüfen Sie am alphabetischen Katalog oder im "VLB" (s. o.), ob sie erschienen ist.

Zu Regel 7

Beachten Sie die örtlichen Gegebenheiten.

Zu Regel 8 und 9

Sie beginnen Ihre Recherche in periodischen Fachbibliographien mit dem Jahrgang 1988: Ihre Suche nach Regel 6 hatte Sie bis etwa 1988/89 geführt. In der "BDSL" und in der "Germanistik" beginnen Sie beim Namenregister und schlagen alle relevanten Stellen in allen vorhandenen Jahrgängen bis zur Gegenwart nach (nach heutigem Stand: bis zum Jahrgang 1993 der "BDSL", bis zum Jahrgang 1994 der "Germanistik").
In "BDSL" XXVIII (1988) finden Sie z. B.:
  - Nr. 7400 Reinhard Meurer, F. K': Erzählungen. Interpretationen. 2. Aufl. - München: Oldenbourg 1988.
  - Nr. 7324 Ulrich Schmidt, "Tat-Beobachtung". K's Erzählung 'In der Strafkolonie' im literarisch-histor. Kontext. In: F.K' u. die Prager dt. Lit. ('88) 55/69.
Die Abkürzung dieses Titels schlüsseln Sie in den Verzeichnissen am Anfang des Bandes (hier: S. XLVI) auf als:
  - Franz Kafka und die Prager deutsche Literatur. Deutungen und Wirkungen. Die Vorträge der 3. Literarischen Fachtagung [....]. Hrg. von Hartmut Binder. - Bonn: [...] 1988. 159 S.
Ab Band XXX (1990) ist das Verweissystem in der "BDSL" vereinfacht, da auf die Sammelbände mit in eckige Klammern gesetzten Ziffern hingewiesen wird. Auch die Verweise auf die Werke der Autoren sind verbessert. Ihre Recherche in den Jahrgängen XXX (1990) bis XXXIII (1993, erschienen 1994) erbringt zwar keine weitere Abhandlung zum "Schlag ans Hoftor", aber über das Sachregister finden Sie weitere Literatur zu Ihren Stich-/Schlagwörtern. Durch das Stichwort "Raum-Zeit-Bezug" im Sachregister von Band XXVIII (1988) werden Sie auf folgende Veröffentlichung aufmerksam:
  - Michael Thormann, Untersuchungen zur Entwicklung der deutschen Novelle im 19. Jh. Unter bes. Berücksichtigung der Raum- und Zeitgestaltung. - Lpz., Pädag. Hochsch., Diss. '86. 158 Bl.

Möglicherweise können Sie von dort methodische Anregungen erhalten.

Ähnlich verfahren Sie mit der *"Germanistik"*. Im letzten (nach Stand von Anfang 1995) erschienenen Einzelheft des 35. Jahrgangs 1994 der "Germanistik" finden Sie folgenden Eintrag:

> - Nr. 6047 F. K. Romane und Erzählungen. Hrsg. von Michael Müller. - Stuttgart: Reclam 1994. 320 S. (Universal-Bibliothek; 8811: Interpretationen).

Die in diesem Sammelband vereinigten 12 Beiträge finden Sie ebendort verzeichnet, ebenso Beiträge aus einem Sonderband "Franz Kafka" der Zeitschrift *"Text + Kritik"* von 1994.

Sie haben jetzt die wichtigsten Veröffentlichungen bis zum Jahr 1994 ermittelt. Lediglich die Neuerscheinungen des letzten halben bis ganzen Jahres haben Sie noch nicht erfaßt.

Zu Regel 10

Die Literaturrecherche in den neuesten Heften von periodischen Allgemeinbibliographien dürfte sich nur in Fällen besonderer Aktualität des Themas empfehlen. Sie ist zudem für den Anfänger recht schwierig, da er zunächst die verschiedenen Publikationsorgane und Reihen zu unterscheiden lernen muß (vgl. Blinn, Nr. 20, D 4730-4775). Hier sei lediglich das am weitesten an die Gegenwart heranführende bibliographische Hilfsmittel, das wöchentliche Verzeichnis der "DNB", erwähnt:

> - Deutsche Nationalbibliographie und Bibliographie der im Ausland erschienenen deutschsprachigen Veröffentlichungen. Wöchentliches Verzeichnis. - Frankfurt a. M.: Buchhändler-Vereinigung. Reihe A: Monographien und Periodika des Verlagsbuchhandels. 1991 ff. (vgl. Blinn D 4770).

Suchen Sie in jedem einzelnen Heft, insbesondere in der Sachgruppe 53 "Deutsche Sprach- und Literaturwissenschaft" bzw. in den Monatsregistern nach den für Sie wichtigen Neuerscheinungen zu Ihrem Thema. Das wöchentliche Verzeichnis erscheint mit einem zeitlichen Verzug von etwa einem Monat.

Die Reihe N der "DNB" ("Vorankündigungen Monographien und Periodika [CIP]. Wöchentliches Verzeichnis") führt Sie als Vorankündigungsorgan in die Zukunft. Diese Reihe katalogisiert Veröffentlichungen vor dem Erscheinen (CIP = Cataloguing-in-Publication).

Sofern Sie die Möglichkeit der EDV-Recherche haben, finden Sie die Angaben der beiden genannten Reihen auch in der Datenbank "BIBLIODATA" der Deutschen Bibliothek (vgl. Regel 7).

3. Repertorium der deutschen Metrik

In diesem Kapitel finden Sie drei Abschnitte:
- Verzeichnis metrischer Typen (S. 21-35),
- Verzeichnis von Reimtypen (S. 36-43),
- Verzeichnis der wichtigsten deutschen Strophenformen (S. 44-52).

Diese Übersichten eignen sich sowohl zum Nachschlagen wie zur Aneignung metrischer Grundbegriffe. Erfahrungsgemäß bereitet die Metrik nicht wenigen Studenten (ganz abgesehen von der Terminologie) erhebliche Schwierigkeiten, da ihr Gehör und Rhythmusempfinden für metrisch gebundene Rede nicht genügend geschult sind. Fortschritte lassen sich nur durch Üben erzielen. In diesem Sinn wollen die folgenden Zusammenstellungen genutzt werden.

Bei der Bestimmung eines metrischen Typs gehen Sie dazu wie folgt vor: Ermitteln Sie in Ihrem Text die Anzahl der betonten Silben im Vers/ in den Versen einer Strophe. Stellen Sie fest, ob es sich um einen jambischen (mit unbetonter Silbe vor der ersten betonten Silbe), trochäischen (mit Betonung einsetzend) oder daktylischen (mit Doppelsenkungen) Vers handelt. Wichtig dabei ist, daß Sie den Vers metrisch skandiert laut vor sich hinsprechen, also:

> Bedécke déinen Hímmel, Zéus,
> Mit Wólkendúnst.

> Herr: és ist Zéit. Der Sómmer wár sehr gróß.

Sprechen Sie den Vers nicht mit einer solchen rhythmischen Akzentuierung, wie Sie seine Aussage empfinden mögen. Dies ist einem späteren Analyseschritt vorbehalten, wenn die Bedeutung von metrischen Befunden untersucht wird. Suchen Sie dann den entsprechenden Verstyp (oder einen nahestehenden) aus dem folgenden Verzeichnis metrischer Typen heraus, und vergleichen Sie die Betonung, bis Sie Sicherheit gewonnen haben, daß Sie den richtigen Verstyp gefunden haben. Hebungen/betonte Silben sind mit X bezeichnet, Senkungen/unbetonte Silben mit x, (x) bedeutet, daß eine Silbe stehen oder fehlen kann. Versende auf Hebung (männlich) ist mit m, auf Senkung (weiblich) mit w gekennzeichnet. Weitere Abkürzungen zu einer metrischen Kurznotation finden Sie auf S. 44 erläutert.

In dem Verzeichnis sind die verschiedenen Verstypen geordnet nach der Anzahl der Hebungen und nach der Versart (jambisch, trochäisch, daktylisch). Diese Einteilung ist nicht unproblematisch. Die Ermittlung der Hebungszahl eines Verses ist zumindest bei traditionellen Gedichten in der Regel leicht möglich, wenn man sich an der seit Opitz beachteten Regel der Übereinstimmung von Verston und Wort-/Satzton orientiert. Bei metrisch bewußt arbeitenden Autoren der Moderne ist eine Bestimmung in der Regel durchaus auch möglich, man kann sich ihr zumindest annähern.

Die Bestimmung der Versarten hingegen ist, nicht zuletzt wegen der immer wieder beklagten terminologischen Misere, schwieriger. Die von mir verwendeten Begriffe sollen auch nur Hilfsbegriffe in folgendem Sinne sein:

- Ein mit Auftakt beginnender Vers wird als jambisch bezeichnet, wenn im Versinneren die Alternation von Hebung und Senkung als versbestimmend zu erkennen ist. Gelegentliche Doppelsenkung oder Hebungsprall (d. h. zwei unmittelbar aufeinanderfolgende Hebungen) sind zulässig.
- Ein ohne Auftakt beginnender Vers wird als trochäisch bezeichnet. Auch für ihn gilt das zuvor Gesagte.
- Ein Vers der überwiegend von Doppelsenkungen bestimmt ist, wird als daktylisch bezeichnet. Er kann Auftakt oder keinen Auftakt haben. Auf die Kategorie "anapästisch" (ein vom Klangelement xxX bestimmter Vers) wurde verzichtet.

Allen Verstypen ist ein Beispiel angefügt, wobei ich in der Regel eine Strophe oder eine längere Verspassage abgedruckt habe, damit auch Beobachtungen an der Versfuge und an Zäsuren und Pausen im Versinneren angestellt werden können. Bei Gedichten handelt es sich gewöhnlich um die Anfangszeilen, bei Texten aus größeren Zusammenhängen ist eine gebräuchliche Zählung beigegeben. In den Belegtexten des "Verzeichnisses metrischer Typen" sind jene Zeilen kursiv gedruckt, die als Beispiel für den genannten Verstyp dienen. Zeilen mit anderer metrischer Struktur, die des Zusammenhangs wegen zitiert sind, erscheinen nicht kursiv.

Dem Beleg ist meist ein kurzer Hinweis auf das Vorkommen des Verstyps bzw. seine Eigenart angefügt. Jedes metrische Handbuch bietet darüber hinaus weitere und historisch exaktere Hinweise.

Das beschriebene Suchverfahren können Sie auch auf das zweite Verzeichnis mit den geläufigsten Reimformen des Deutschen (S. 36-43) übertragen. Das System der dort verwendeten Abkürzungen ist bekannt oder spricht aus sich selbst. Das Verzeichnis von Reimtypen erwähnt auch Stabreim, Endsilbenreim und Nebensilbenreim, das Typenverzeichnis geht aber nur auf den nhd. Endreim ein.

Erläuterungen zum Verständnis des Strophenverzeichnisses (S. 44-52) sind diesem vorangestellt.

VERZEICHNIS METRISCHER TYPEN

1   EINHEBER

1.1   j a m b i s c h

xX(x)

> *Mein Haar*
> *Ein Netzwerk*
> *Verstrick dich*
> *Mein Mund*
> Labyrinth
> *Verrenn dich*
>> (Ulla Hahn, Befehlsform)

Nur in Verbindung mit anderen Versen.

1.2   t r o c h ä i s c h

Xx

> Verbirg' dich! Sünd' und Schande
> Bleibt nicht verborgen.
> Luft? Licht?
> *Weh dir!*
>> (Goethe, Faust I, V. 3821-24)

Nur in Verbindung mit anderen Versen.

1.3.   d a k t y l i s c h

(x)Xxx

> *(und) seliger*

Nur in Verbindung mit anderen Versen.

2   ZWEIHEBER

2.1   j a m b i s c h

Grundform: xXxX(x)

> *Das ist die Welt;*
> *Sie steigt und fällt*
> *Und rollt beständig;*
> *Sie klingt wie Glas:*
> *Wie bald bricht das?*
> *Ist hohl inwendig.*
>> (Goethe, Faust I, V. 2402-07)

Ich liebe dich
Und finde dich
Wenn auch der Tag ganz dunkel wird.
(Else Lasker-Schüler, Ich liebe dich)

2.2   t r o c h ä i s c h

Grundform: **XxX(x)**

Wenn der Mond spazieren geht,
Hör ichs pochen immer
Oft bis spät.
(Else Lasker-Schüler, Und)

Walle! walle
Manche Strecke,
Daß, zum Zwecke,
Wasser fließe ...
(Goethe, Der Zauberlehrling)

2.3.   d a k t y l i s c h

Grundform: **(x)XxxX(x)**

Die Nebel zerreißen,
Der Himmel ist helle,
Und Äolus löset
Das ängstliche Band.
(Goethe, Glückliche Fahrt)

Die Form XxxXx heißt nach dem antiken Vorbild "adonischer Vers". Verbreitet als Schlußvers der sapphischen Strophe, stichisch seltener.

3   DREIHEBER

3.1.   j a m b i s c h

Grundform: **xXxXxX(x)**

O Haupt voll Blut und Wunden,
Voll Schmerz und voller Hohn!
O Haupt, zum Spott gebunden
Mit einer Dornenkron!
(P. Gerhardt, An das Angesicht des Herrn Jesu)

Sehr häufig in deutscher Dichtung, vor allem im Volkslied und Kirchenlied. Häufiges Charakteristikum: Füllungsfreiheit, d. h. die Anzahl der Senkungssilben ist in einem bestimmten Maß frei.

3.2. t r o c h ä i s c h

Grundform: **XxXxX(x)**

> *Freiheit, die ich meine,*
> *Die mein Herz erfüllt.*
>   (Schenkendorf)

> *Alle meine Entchen*
> *schwimmen auf dem See.*
>   (Kinderlied)

Nicht allzu häufig, aber metrisch prägnant wegen der Kürze.

3.3 d a k t y l i s c h

Grundform: **XxxXxxX(x)**

> *Quellende, schwellende Nacht,*
>   Voll von Lichtern und Sternen:
>   In den ewigen Fernen,
> *Sage, was ist da erwacht!*
>   (Hebbel, Nachtlied)

Selten. Bei Hebbel, auch als Strophenform, sehr beliebt.

xXxxXxxX(x)

> *Ich weiß nicht, was soll es bedeuten,*
> Daß ich so traurig bin;
> *Ein Märchen aus (ur)alten Zeiten*
> Das kommt mir nicht aus dem Sinn.
>   (Heine, Die Lorelei)

Häufiger, volksliedhaft.

4 VIERHEBER

4.1 j a m b i s c h

Grundform: **xXxXxXxX(x)**

> *Gewaltig endet so das Jahr*
> *mit goldnem Wein und Frucht der Gärten.*
> *Rund schweigen Wälder wunderbar*
> *Und sind des Einsamen Gefährten.*
>   (Trakl, Verklärter Herbst)

Allerweltsmaß der Deutschen! In mittelhochdeutscher Zeit (mit Paarreim) der Erzählvers der Epik, auch in nhd. Zeit oft paarig gereimt. Vier Zeilen mit dem Bauschema A4m bilden die häufigste deutsche Strophe überhaupt (s. u., S. 44). Eine besondere Form dieses Verstyps ist der deutsche Knittelvers (strenger Knittelvers mit regelmäßiger Alternation, häufig mit Tonbeugung; freier Knittelvers mit Füllungsfreiheit und einem Umfang von 6 bis 15 Silben).

Strenger Knittelvers:

> *O méin Herr, wíe recht hábt ihr thán!*
> *Wann méin Mann hát vor dén acht tágen*
> *Ein fáiste Sáu inns Háuß geschlágen,*
> *Da müßt ihr éssen méiner Wúrst.*

(Hans Sachs, Das Teufelsbannen)

Freier Knittelvers:

> *Vom Éise befréit sind Stróm und Báche*
> *Durch des Frühlings hólden, belébenden Blíck;*
> *Im Tále grünet Hóffnungs-Glück;*
> *Der álte Wínter, in séiner Schwáche,*
> *Zóg sich in ráuhe Bérge zurück.*

(Goethe, Faust I, V. 903-907)

4.2 trochäisch

Grundform: **XxXxXxX(x)**

> *Kleine Blumen, kleine Blätter*
> *Streuen mir mit leichter Hand*
> *Gute junge Frühlingsgötter*
> *Tändelnd auf ein luftig Band.*

(Goethe, Mit einem gemalten Band)

Trochäen in gereimter Form beliebt in liedhaften Texten. "Anakreontische Trochäen" nennt man gereimte trochäische Vierheber (m oder w oder im Wechsel), gelegentlich ungereimt. Nachbildung eines griechischen Maßes von Gottsched in seiner Übersetzung Anakreons. Beliebt in der deutschen anakreontischen Dichtung. "Spanische Trochäen" sind assonierende oder ungereimte trochäische Vierheber in Nachbildung der assonierenden spanischen Romanzen. Belegt bei Herder, bei den Romantikern, Heine u. a.

> *In des ernsten Tales Büschen*
> *Ist die Nachtigall entschlafen.*
> *Mondenschein muß auch verblühen,*
> *Wehet schon der frühe Atem.*

(Brentano, Romanzen vom Rosenkranz)

4.3 daktylisch

Grundform: **XxxXxxXxxX**

> *Eia popeia, was raschelt im Stroh ...*

(Kinderlied)

Selten.

xXxxXxxXxxX(x)

Es zogen drei Bursche wohl über den Rhein,
Bei einer Frau Wirtin, da kehrten sie ein.
(Uhland, Der Wirtin Töchterlein)

Häufiger mit männlichem Versausgang, aber auch weiblich.

xXxxXxxXxxX im Wechsel mit xXxxXxxXx

Wir singen und sagen vom Grafen so gern,
Der hier in dem Schlosse gehauset,
Da, wo ihr den Enkel des seligen Herrn,
Den heute vermählten, beschmauset.
(Goethe, Hochzeitslied)

Beliebt wegen der beschwingten Form.

5   FÜNFHEBER

5.1   j a m b i s c h

Grundform: xXxXxXxXxX(x)

Dies ist ein Herbsttag, wie ich keinen sah!
Die Luft ist still, als atmete man kaum,
Und dennoch fallen raschelnd, fern und nah,
Die schönsten Früchte ab von jedem Baum.
(Hebbel, Herbstbild)

Mit männlichem Versausgang seit dem 19. Jahrhundert beliebt. Mit Paarreim im Gelegenheitsgedicht, in Sprüchen usw. Mit Kreuzreim (abab oder xaxa) beliebter, insbesondere für lyrische Bilder. In moderner Lyrik seit dem Expressionismus besonders beliebt.

Männliche und weibliche Versschlüsse im Wechsel: ww mm oder mw mw oder wm wm:

mw mw: Die sich senkende Bewegung und der weichere Klang eignen sich für den Ausdruck lyrischer Hinwendung, für verhaltene Stimmung; dies wird besonders dadurch bewirkt, daß Vers 1/2 und 3/4 gefugt sind (Synaphie):

Komm in den totgesagten park und schau:
Der schimmer ferner lächelnder gestade.
Der reinen wolken unverhofftes blau
Erhellt die weiher und die bunten pfade.
(George, Komm in den totgesagten Park)

wm wm: Die steigende Bewegung ist modulationsfreudiger, daher ist die Form häufiger; die an der Versfuge zwischen Vers 1/2 und

3/4 entstehende Doppelsenkung macht lebendig und gliedert die Aussage in Kola:

> *In tausend Formen magst du dich verstecken,*
> *Doch, Allerliebste, gleich erkenn ich dich;*
> *Du magst mit Zauberschleiern dich bedecken,*
> *Allgegenwärtge, gleich erkenn ich dich.*
>
> (Goethe, In tausend Formen)

Blankvers: xXxXxXxXxX(x)

Ein jambischer Fünfheber ohne Reim heißt Blankvers (als der Dramenvers von Shakespeare, Lessing, Goethe, Schiller, Kleist, Grillparzer, Hebbel verwendet):

> *Heraus in eure Schatten, rege Wipfel*
> *Des alten, heilgen, dichtbelaubten Haines,*
> *Wie in der Göttin stilles Heiligtum,*
> *Tret ich noch jetzt mit schauderndem Gefühl,*
> *Als wenn ich sie zum erstenmal beträte*
> *Und es gewöhnt sich nicht mein Geist hierher.*
>
> (Goethe, Iphigenie auf Tauris, V. 1-6)

Vers commun/Gemeiner Vers: xXxX | xXxXxX(x)

Der sogenannte (all)gemeine Vers (aus dem frz. *vers commun* hergeleitet) ist beliebt seit Opitz bis ins 18. Jahrhundert. Merkmal: feste Zäsur nach der zweiten Hebung:

> *Ach lieber mensch' / wer ist / dem nicht zu zeiten*
>   *Ein böses wort' ohn seinen danck entfährt?*
>   *Wer hört so wol' / daß er sich nicht verhört?*
> *Wer strauchelt nicht?' wem kan der fuß nicht gleiten?*
>
> (Johannes Plavius, Deut alles zum besten)

Endecasillabo/Elfsilber: xXxXxXxXxXx

Der jambische Fünfheber mit ausschließlich weiblichem Versausgang heißt Endecasillabo. Der Elfsilber ist der Hauptvers der italienischen Lyrik und Epik. Beliebt in Deutschland seit Ende des 18. Jahrhunderts in italienischen Strophen- und Gedichtformen wie Terzine, Stanze, Sonett. Keine feste Zäsur, daher ein sehr variabler Vers:

> *Der Kuß, der letzte, grausam süß, zerschneidend*
> *Ein herrliches Geflecht verschlungner Minnen.*
> *Nun eilt, nun stockt der Fuß, die Schwelle meidend,*
> *Als trieb' ein Cherub flammend ihn von hinnen;*
> *Das Auge starrt auf düstrem Pfad verdrossen,*
> *Es blickt zurück, die Pforte steht verschlossen.*
>
> (Goethe, Marienbader Elegie, V. 19-24)

Der Endecasillabo in seiner deutschen Form mit Wechsel von weiblichem und männlichem Versausgang bildet die Grundlage der achtzeiligen Strophenform Stanze mit dem Reimschema ab ab ab cc.

Alkäischer Elfsilber: xXxXx | XxxXxX

Der antiken Form nachgebildet. Bildet Vers 1 und 2 der alkäischen Strophe, die das beliebteste Odenmaß auch in der deutschen Odendichtung darstellt:

> *Du schweigst und duldest, und sie verstehn dich nicht,*
> *Du edles Leben! siehest zur Erd und schweigst*
> Am schönen Tag, denn ach! umsonst nur
> Suchst du die Deinen im Sonnenlichte ...
> (Hölderlin, Diotima)

5.2 t r o c h ä i s c h

Grundform: XxXxXxXxX(x)

> *Trüb verglomm der schwüle Sommertag,*
> *Dumpf und traurig tönt mein Ruderschlag -*
> *Sterne, Sterne - Abend ist es ja -*
> *Sterne, warum seid ihr noch nicht da?*
> (C. F. Meyer, Schwüle)

> *Meine eingelegten Ruder triefen,*
> *Tropfen fallen langsam in die Tiefen.*
> (C. F. Meyer, Eingelegte Ruder)

Sowohl männlich wie weiblich endende trochäische Fünfheber wirken schwer, erhaben und eignen sich für nachdenkliche Betrachtungen, für gedämpfte Stimmungen.

Die Folge 5w 5m ergibt durch die Fugung am Übergang der beiden Verse eine gemessen fortschreitende Bewegung:

> *Warum gabst du uns die tiefen Blicke,*
> *Unsre Zukunft ahndungsvoll zu schaun,*
> *Unsrer Liebe, unserm Erdenglücke*
> *Wähnend selig nimmer hinzutraun?*
> (Goethe, Warum gabst du uns ...)

Sapphischer Elfsilber: XxXxXxxXxXx

Seit der Barockzeit belegt mit Varianten, in denen der Daktylus verschoben ist (sog. Wanderdaktylus).

> *Cidli, du weinest, und ich schlummre sicher,*
> *Wo im Sande der Weg verzogen fortschleicht;*
> *Auch wenn stille Nacht ihn umschattend decket,*
> Schlummr' ich ihn sicher.
> (Klopstock, Furcht der Geliebten)

5.3   d a k t y l i s c h

Choralmetrum: XxxXxxXxxXxxXx

Lobe den Herren, den mächtigen König der Ehren,
Meine geliebte Seele, das ist mein Begehren...
(Joachim Neander, Der Lobende)

Das Choralmetrum wurde in geistlicher Dichtung gelegentlich nachgebildet, als weltliche Kontrafaktur von Brecht (*Lobet die Nacht und die Finsternis, die euch umfangen*).

6   SECHSHEBER

6.1   j a m b i s c h

Grundform: xXxXxXxXxXxX

Noch unverrückt, o schöne Lampe, schmückest du,
An leichten Ketten zierlich aufgehangen hier,
Die Decke des nun fast vergeßnen Lustgemachs.
Auf deiner weißen Marmorschale, deren Rand
Der Efeukranz von goldengrünem Erz umflicht,
Schlingt fröhlich eine Kinderschar den Ringelreihn.
Wie reizend alles! lachend, und ein sanfter Geist
Des Ernstes doch ergossen um die ganze Form -
Ein Kunstbild der echten Art. Wer achtet sein?
Was aber schön ist, selig scheint es in ihm selbst.
(Mörike, Auf eine Lampe)

Der reimlose Vers mit immer männlichem Ausgang ist eine Nachbildung des antiken jambischen Trimeters. Hin und wieder bei Schiller und Goethe verwandt. Als durchgehender Dramenvers zu lang für das Deutsche: "wir sind wegen der fehlenden Beiwörter schon mit fünf Füßen fertig" (Goethe). Als lyrischer Vers bei Mörike beliebt. Wegen der Länge des Verse sind Zäsuren erforderlich; traditionell ist die Zäsur nach der 5. Silbe. Der Vers gewinnt mit dem Abwechslungsreichtum der Zäsuren. (Sparsam eingefügte) Doppelsenkungen beleben ihn zusätzlich.

Neuer Nibelungenvers: xXxXxXx | xXxXxX

Sechsheber mit einer festen Zäsur nach der dritten Senkung, die den Vers in zwei Hälften zerlegt. Romantische Neuschöpfung des mittelhochdeutschen Nibelungenverses = 'neuer Nibelungenvers'. Als Strophe mit der Reimform aabb ergibt sich eine 'neue Nibelungenstrophe'.

Es stand in alten Zeiten ein Schloß, so hoch und hehr,
Weit glänzt' es über die Lande bis an das blaue Meer,
Und rings von duft'gen Gärten ein blütenreicher Kranz,
Drin sprangen frische Brunnen in Regenbogenglanz.
(Uhland, Des Sängers Fluch)

Alexandriner: xXxXxX | xXxXxX(x)

Der Alexandriner ist ein männlich oder weiblich endender gereimter Vers mit (fester) Zäsur nach der dritten Hebung ("zweischenklige Natur", Schiller). Strophisch sehr häufig in der Reihung wmmw oder mwwm mit umarmendem Reim. Mit Paarreim und Versendungen wwmm = heroischer Alexandriner, mit Kreuzreim abab und Versendungen wmwm = elegischer Alexandriner.

Der schnelle Tag ist hin, die Nacht schwingt ihre Fahn
Und führt die Sternen auf. Der Menschen müde Scharen
Verlassen Feld und Werk; wo Tier und Vögel waren,
Traurt itzt die Einsamkeit. Wie ist die Zeit vertan!
(Gryphius, Abend)

Hinkjambus: xXxXxXxXxXXx

Im Hinkjambus (griechisch: Choliambus) ist der letzte Jambus durch einen Trochäus ersetzt bzw. zwischen der 5. und 6. Hebung fehlt die Senkung. Wegen des Umschlags in der Bewegung erweckt der Vers eine komische Wirkung.

Ein Liebchen hatt ich, das auf einem ⊣ ug schielte:
Weil sie mir schön schien, ihr Schielen auch Schönheit.
(Rückert)

6.2   t r o c h ä i s c h

Grundform: XxXxXxXxXxX(x)

Aufgestanden ist er, welcher lange schlief,
Aufgestanden unten aus Gewölben tief.
In der Dämmrung steht er, groß und unbekannt,
Und den Mond zerdrückt er in der schwarzen Hand.
(Heym, Der Krieg)

Ein Vers von schwerfälliger Bewegung; männlich gereimt klingt er hart durch den Hebungsprall in der Versfuge (Asynaphie). Mit Kadenzwechsel wmwm und Kreuzreim ist der Vers feierlich fließend aufgrund der Fugung (Synaphie) und der Länge.

Purpurschwere, wundervolle Abendruhe
Grüßt die Erde, kommt vom Himmel, liebt das Meer.
Tanzgestalten, rotgewandet, ohne Schuhe,
Kamen rasch, doch sie versinken mehr und mehr.
(Däubler, Berauschter Abend)

Asklepiadeischer Vers: **XxXxxX | XxxXxX**

Symmetrisch gebauter Sechsheber mit festen Doppelsenkungen nach der 2. und 4. Hebung, mit Zäsur nach der 3. Hebung. Nachbildung des antiken Verses.

> *Schön ist, Mutter Natur, deiner Erfindung Pracht*
> *Auf die Fluren verstreut, schöner ein froh Gesicht,*
> Das den großen Gedanken
> Deiner Schöpfung noch einmal denkt.
> (Klopstock, Der Zürchersee)

6.3   d a k t y l i s c h

Hexameter

Reimloser epischer Vers, bestehend aus sechs Daktylen (in der antiken Metrik: lang - kurz - kurz) oder Spondeen (in der antiken Metrik: lang - lang). Wichtigster antiker Vers. Im Deutschen können die ersten vier Daktylen durch Trochäen (anstelle von Spondeen, die es im Deutschen nicht oder nur selten gibt) ersetzt werden, der fünfte selten. Das Versende ist stets Xx, also "weiblich". Wichtige Daten zur Geschichte des Hexameters im Deutschen: Klopstock, "Messias" 1748; Johann Hinrich Voß, Homerübersetzung 1781 und Idyllen (1783/4); Goethe, "Reineke Fuchs" (1794), "Hermann und Dorothea" (1797). Immer wieder im 19. Jahrhundert und noch bei Brecht belegt.

Grundmaß mit maximal 17 Silben:

1	2	3	4	5	6
Xxx	Xxx	Xxx	Xx|x	Xxx	Xx

(vgl. unten Goethe, V. 1)

Beispiele für Varianten:

1	2	3	4	5	6
Xx	X|x	Xxx	X|x	Xxx	Xx
Xxx	Xxx	X|x	Xx	Xxx	Xx
Xx	Xx|	Xxx	Xx|x	Xxx	Xx
Xx	Xx	Xxx	Xx|x	Xxx	Xx
Xxx	Xx|x	Xxx	X|x	Xxx	Xx

(vgl. unten Goethe, V. 2-6)

Minimale Variante:

Xx	Xx	Xx	Xx	Xxx	Xx

Drauf mit ernstem Blick versetzte lebhaft Achilleus
(Goethe, Achilleis, V. 575)

Zusammenfassung der Möglichkeiten:

Xx(x) Xx(x) Xx(x) Xx(x) Xxx Xx

Antikem Vorbild folgend ist der Hexameter auch im Deutschen durch Zäsuren gegliedert (im metrischen Schema oben mit | bezeichnet). Die Hauptzäsur liegt nach der 3. oder 4. Hebung (männliche Zäsur) bzw. nach der darauffolgenden Senkung (weibliche Zäsur). Nebenzäsuren können beliebig stehen, häufig nach der 2. Hebung bzw. der darauffolgenden Senkung.

> *Pfingsten, das liebliche Fest, war gekommen; es grünten und blühten*
> *Feld und Wald; auf Hügeln und Höhn, in Büschen und Hecken*
> *Übten ein fröhliches Lied die neuermunterten Vögel;*
> *Jede Wiese sproßte von Blumen in duftenden Gründen,*
> *Festlich heiter glänzte der Himmel und farbig die Erde.*
> *Nobel, der König, versammelt den Hof; und seine Vasallen ...*
> (Goethe, Reineke Fuchs, V. 1-6)

> Mit Vergnügen lese ich
> *Wie Horaz die Entstehung der Saturnischen Verskunst*
> Zurückführt auf die bäurischen Schwänke ...
> (Brecht, Briefe über Gelesenes)

Pentameter

Der Pentameter unterscheidet sich vom Hexameter dadurch, daß die Senkungen nach der 3. und 6. Hebung fehlen. Nach der 3. Hebung steht eine feste Zäsur: der Hebungsprall bewirkt einen kurzen Stau, was das Charakteristikum des Pentameters ausmacht. Doppelsenkungen nach der 4. und 5. Hebung (Daktylen) sind obligatorisch, der Wechsel zum Trochäus ist nur in der ersten Hälfte des Verses möglich.

Grundmaß mit maximal 14, minimal 12 Silben:

Xx(x)   Xx(x)   X | Xxx   Xxx   X

> *Freude, wem gleichst du? Umsonst streb ich zu wählen! Du bist*
> Allem, was schöner ist, gleich, allem das hoch ...
> (Klopstock, Sie)

Distichon

Verbindung von Hexameter und Pentameter. Zweizeilig als Epigramm verwandt von Goethe und Schiller ("Xenien", 1797). In Reihung, immer reimlos, ist es Baustein von Elegien (Goethe "Römische Elegien" [1789], Hölderlin, Schiller, Mörike, Weinheber).

Merkverse:

> *Im Hexameter steigt des Springquells flüssige Säule.*
> *Im Pentameter drauf fällt sie melodisch herab.*
> (Schiller, Das Distichon)

Sieh, der Hexameter gleicht dem Maikäfer mit den sechs Füßen!
Reißt man Einen ihm aus, wird ein Pentameter draus.
(Aus der Zeitschrift Jugend 1902)

Ach, auf dem langen Marsch verschlägt es dem Dichter die Rede.
Ist ihm so ferne vom Ziel ausgegangen die Luft?
(A. Thalmayr, in: Wasserzeichen der Poesie)

7 SIEBENHEBER

7.1 j a m b i s c h

xXxXxXxX | xXxXxX(x)

Jambische Siebenheber (= jambische Septenare) weisen eine Zäsur nach der 4. Hebung auf und sind damit zweischenklig wie der Alexandriner. Aber auch andere Zäsuren sind möglich. Seit dem Barock beliebt.

Ein Mühlstein und ein Menschenherz wird stets herum getrieben.
(Logau)

7.2 t r o c h ä i s c h

XxXxXxXx | XxXxX(x)

Belegbar nur in der Kombination von zwei Versen mit 4 + 3 Hebungen.

7.3 d a k t y l i s c h

(x)XxxXxxXxxXxxXxxXxxXx(x)

Nicht belegt.

8 ACHTHEBER

Achtheber zerfallen im Deutschen akustisch in zwei Vierheber, zumal wenn nach der 4. Hebung ein Kolonende liegt.

8.1 j a m b i s c h

xXxXxXxX | xXxXxXxX(x)

Weg! Weg! hinweg du stolzer Geist! dafern mir schon die rauhe Wüsten,
In welcher Gott mich prüfen will, nichts als nur harte Steine weist
(Gryphius)

Schon war gesunken in den Staub der Sassaniden alter Thron,
Es plündert Mosleminenhand das schätzereiche Ktesiphon.
(Platen, Harmosan)

Seit der Barockzeit immer wieder einmal benutzt.

8.2 t r o c h ä i s c h

XxXxXxX(x) | XxXxXxX(x)

Solte Clotho ihrer schaar in dem grabe noch vergönnen /
Was sie bei der lebensfrist niemals haben meiden können /
Ach so trünke mein Lysander in dem grabe noch tabak /
Und sein weisser leichenmarmel würde wie ein kohlensak.
(Johann Grob, Über des Lysanders Grab)

Nächtlich am Busento lispeln, bei Cosenza, dumpfe Lieder,
Aus den Wassern schallt es Antwort, und in Wirbeln klingt es wider!
(Platen, Das Grab im Busento)

Seit der Barockzeit paarig gereimt verwendet, wegen der ausge-
prägten Zweischenkligkeit gerne in Epigrammen (Logau, Gryphius). Im 19. Jahrhundert in Balladen und in elegischen Stim-
mungsbildern.

8.3 d a k t y l i s c h

XxxXxxXxxXxx XxxXxxXxxX

Schrecken und Stille und dunkeles Grausen, finstere Kälte bedecket das
Land.
Itzt schläft, was Arbeit und Schmertzen ermüdet, dies sind der traurigen
Einsamkeit Stunden.
(Gryphius, Sonett)

Der Vers zerfällt deutlich hörbar in zwei vierhebige Teile.

9 GRENZFÄLLE

Expressionistische Dichter experimentieren auch mit der Verslänge:

Der Schnellzug tastet sich und stößt die Dunkelheit entlang.
Kein Stern will vor. Die ganze Welt ist nur ein enger, nachtumschienter
Minengang,
Darein zuweilen Förderstellen blauen Lichtes jähe Horizonte reißen:
Feuerkreis
Von Kugellampen, Dächern, Schloten, dampfen strömend ... nur
sekundenweis ...
Und alles wieder schwarz. [...]
(Stadler, Fahrt über die Kölner Rheinbrücke bei Nacht)

Maas wie ein Silberstrich gezogen hell im Tal, das Demut ist. Im Grund ein
Strand voll Weiden. Gezelte noch im Schlaf, ein früher Reiter
In schnellem Trab, in Dunst und Ferne. Und Wiesen, südlich, Reiher,
verzankte Krähen. Wind überall, Wind in den Segeln, Wind in Fahnen,
[...]
(Schnack, Morgen bei Brieulles)

10 VERSE MIT WECHSELNDER HEBUNGSZAHL

Madrigalverse

Vers mit freier Hebungszahl, aber meist alternierend, in strophischem (in der Gedichtform Madrigal, daher der Name) und nichtstrophischem Gebrauch. Wegen der unterschiedlichen Länge ein sehr beweglicher Vers. Seit Ende des 16. Jahrhunderts in Deutschland verwendet, besonders beliebt in anakreontischer Dichtung.

> *Mein Mädchen sagte mir: Wie schön*
> *Ist nicht Olind! ich hab ihn heut gesehn,*
> *Lang sah ich ihn bewundernd an;*
> *Wer hätt ihn nicht bewundern sollen?*
> *Geliebter, du wirst doch nicht schmollen,*
> *Daß ichs getan?*
> (Goethe, Madrigal)

Die bei Goethe beliebten (streng alternierenden) Madrigalverse von 4 bis 6 Hebungen werden (entsprechend ihres Verwendungsorts) gerne Faustverse genannt. Mephisto spricht in ihnen zum Schüler, und Famulus Wagner gefällt sich in ihnen.

> *Verzeiht! es ist ein groß Ergetzen*
> *Sich in den Geist der Zeiten zu versetzen,*
> *Zu schauen wie vor uns ein weiser Mann gedacht,*
> *Und wie wir's dann zuletzt so herrlich weit gebracht.*
> (Goethe, Faust I, V. 570-573)

Freie Verse

Grundlegende Versart der modernen Lyrik, die sich seit dem 19. Jahrhundert in Frankreich entwickelt und von deutschen Expressionisten übernommen wird. Die Versart darf nicht mit den freien Madrigalversen verwechselt werden. Der Vers verzichtet auf eine feste Regelung von Hebungszahl und Alternation, der Reim ist beliebig. Der verbreitetste Vers in der deutschen Lyrik der Moderne.

Ihr nennt es Sprache
oder Spiegel an der Wand
wo ist des Deutschen Vaterland
und wo des Königs von Thule
Herzliebchen

der Mond
den Eichendorff besang
ging längst hinüber ins Unbekannt
und wie gings Gerede
von Galgen
(Rolf Dieter Brinkmann, Ihr nennt es Sprache)

Freie Rhythmen

Formal mit den freien Versen identisch, aber entstehungsgeschichtlich älter. Der freie Rhythmus entwickelte sich im 18. Jahrhundert aus den freien Odenmaßen; ihr Schöpfer ist Klopstock. Beliebt vor allem im Sturm und Drang; in moderner Lyrik ist der Unterschied zum freien Vers nicht mehr auszumachen.

Bedecke deinen Himmel, Zeus,
Mit Wolkendunst!
Und über, Knaben gleich,
Der Disteln köpft,
An Eichen dich und Bergeshöhn!
(Goethe, Prometheus)

Wer, wenn ich schriee, hörte mich denn aus der Engel
Ordnungen? und gesetzt selbst, es nähme
einer mich plötzlich ans Herz: ich verginge von seinem
stärkeren Dasein. [...]
(Rilke, Duineser Elegien)

Prosagedicht

Grenzform zur Prosa (z. B. Nietzsche, "Zarathustra", und oft im 20. Jahrhundert), zwischen rhythmischer Prosa und freien Rhythmen stehend. Der Rhythmus des freien Verses ist hörbar, wird aber durch die für ein "Gedicht" untypische Druckform optisch verdeckt.

VERZEICHNIS VON REIMTYPEN

Die behandelten Wortteile werden durch Fettdruck hervorgehoben.

1 STABREIM

Ik gihorta dat seggen
dat sih **u**rhettun   **æ**non muotin,
[S X - S X]
Hiltibrant enti **H**adubrant   untar **h**eriun tuem.
[S S - S X]
sunufatarungo   iro **s**aro rihtun
[S X - S X]
garutun se iro **g**udhamun   **g**urtun sih iro suert ana,
[S S - S X]
helidos, ubar **h**ringa,   do sie to dero **h**iltiu ritun.
[S S - S X]

(Ich hörte das sagen,
daß sich Kämpfer allein bekämpften (mühten),
Hildebrand und Hadubrand zwischen zwei Heeren.
Vater und Sohn richteten ihre Rüstung,
bereiteten ihre Panzerhemden, gürteten sich ihre Schwerter an,
als sie zum Kampf ritten.)
(Hildebrandslied, V. 1-6)

Reimprinzip der altgermanischen Dichtung, beruhend auf dem Prinzip der Alliteration. Eigentliche Ursache dieses Reimprinzips ist die germanische Anfangs- oder Stammsilbenbetonung.
Die germanische Langzeile besteht aus zwei Halbzeilen (Anvers und Abvers), von denen jede zwei Haupthebungen (evtl. gefolgt von zwei Nebenhebungen) aufweist. Nur diese Haupthebungen können einen Stab (S) tragen, und zwar
- im Anvers beide (S S) oder nur die erste (S X) oder nur die zweite (X S)
- im Abvers nur die erste (S X), während die zweite (von wenigen Ausnahmen abgesehen) immer ohne Stab (X) ist.

Es staben gleiche Konsonanten (*sp, st, sk* eingeschlossen) sowie alle Vokale untereinander (eigentlich stabt der sog. Glottisverschluß beim Vokaleinsatz).
Das Prinzip der Alliteration *(Kind und Kegel)* ist eine Klangfigur. Verskonstituierend wirkt diese Alliteration nur im Stabreimvers.

2   ENDSILBENREIM

> Heil magad zieri,   thiarna so sconi,
>   allero wibo   gote zeizosto!
> Ni brutti thih muates,   noh thines antluzzes
>   farawa ni wenti;   fol bistu gotes ensti!
>   (Otfrid von Weißenburg, Evangelienharmonie, Buch I, Kap.
>   5, V. 15-18)

Ältestes deutsches Reimprinzip, abgeleitet aus dem rhetorischen
Schmuckmittel des Homoioteleuton (s. u. Kap. 4, S. 56), das
spätantike Bibeldichter verwenden. Im Deutschen ist die einfachste
Form der Gleichklang zweier Wörter vom Vokal der Endsilbe an
(*muates* : *antluzzes*). Dieser Reim kann durch die vorausgehende
Konsonanz gestützt werden (*wenti* : *ensti*) oder zwei Endsilben um-
fassen (*worolti* : *zeigonti*). Als durchgehendes Reimprinzip erstmals
bei Otfrid von Weißenburg (2. Hälfte des 9. Jahrhunderts), bei dem
aber auch bereits der reine Reim angestrebt ist.

3   REIM VON STAMMSILBE AUF ENDSILBE

> Nu denchent, wîb unde man,
> war ir sulint werdan.
>   (Memento mori, Vers 1/2, 2. Hälfte 11. Jahrhundert)

Diese Form wird auch Nebensilbenreim genannt. Sie liegt halbwegs
auf der Strecke vom Endsilbenreim zum Stammsilbenreim. In Gebrauch bis Mitte des 12. Jahrhunderts.

4   ENDREIM BZW. REIM

Die eigentliche Bedeutung von "Endreim" ist, daß sich der Reim
(Gleichklang) der Stammsilbe(n) am Ende von Versen findet (im
Gegensatz zu Reimen am Anfang oder im Inneren von Versen). Die
übliche Bedeutung ist jedoch: Zwischen den aufeinander bezogenen
Wörtern besteht Gleichklang vom letzten betonten Vokal an bis zum
Wortende (daher auch Haupttonsilbenreim oder Stammsilbenreim
genannt).

5   TYPEN DES ENDREIMS

Reimtypen können unterschieden werden nach **Reimstellung** und **Reimformen**.

5.1   Nach der **Reimstellung** werden unterschieden:

5.1.1   Reime am Versende

5.1.1.1 Mit einem Reimklang:

aa bb etc.: **Paarreim**

Dem Schnee, dem **Regen,**
Dem Wind ent**gegen,**
Im Dampf der Kl**üfte,**
Durch Nebeld**üfte,**
Immer zu! Immer **zu!**
Ohne Rast und **Ruh!**
(Goethe, Rastlose Liebe)

aaa bbb etc.: **Dreireim**

Es ist ein Ding, das mich verd**reußt,**
Wenn Schwindel oder Schmeichelg**eist**
Gemeines Maß für großes pr**eist.**
(Bürger, Der große Mann)

aaaax: **Haufenreim** oder **gehäufter Reim**

Schouwet ûf den **anger:**
winter wert niht l**anger;**
kleine vogel tw**anger.**
diu heide ist worden sw**anger:**
si birt uns rôsen rôt.
(Gottfried von Neifen)

aaaa: **Einreim** oder **Reihenreim** (nur ein Reimklang)

Augen, meine lieben Fensterl**ein,**
Gebt mir schon so lange holden Sch**ein,**
Lasset freundlich Bild um Bild her**ein:**
Einmal werdet ihr verdunkelt **sein!**
(Keller, Abendlied)

xa xa: **Unterbrochener Reim**

Wie herrlich leuchtet
Mir die Nat**ur!**
Wie glänzt die Sonne!
Wie lacht die Fl**ur!**
(Goethe, Maifest)

K: **Kornreim**

Reimloser Vers einer Strophe, die Reimkorrespondenz findet sich erst
an der entsprechenden Stelle der Folgestrophe(n): Str. 1: abab cKc,
Str. 2: dede fKf.

x: **Waise**

Reimloser Vers in einer ansonsten gereimten Strophe. Abkürzung im
Reimverzeichnis: x.

5.1.1.2 Mit zwei oder mehr Reimklängen

ab ab: **Kreuzreim** oder **Wechselreim**

Hochbeglückt in deiner **Liebe**
Schelt ich nicht Gelegen**heit,**
Ward sie auch an dir zum **Diebe**

Wie mich solch ein Raub erfreut!
(Goethe, West-östlicher Divan)

abc abc: verschränkter Reim oder erweiterter Kreuzreim

Aus den Knospen, die euch deckten,
Süße Rosen, mein Entzücken,
Lockte euch der heiße Süd;
Doch die Gluten, die euch weckten,
Droben jetzt euch zu ersticken,
Ach, ihr seid schon halb verglüht!
(Hebbel, Die Rosen im Süden)

abba: umarmender Reim oder umschließender Reim

Dreifach ist der Schritt der Zeit:
Zögernd kommt die Zukunft hergezogen,
Pfeilschnell ist das Jetzt entflogen,
Ewig still steht die Vergangenheit.
(Schiller, Sprüche des Konfuzius)

aab ccb: Schweifreim (Variante: aab aab: Zwischenreim)

Der Mond ist aufgegangen,
Die goldnen Sternlein prangen
Am Himmel hell und klar;
Der Wald steht schwarz und schweiget,
Und aus den Wiesen steiget
Der weiße Nebel wunderbar.
(Claudius, Abendlied)

aba bcb cdc ...: äußerer Kettenreim oder Terzinenreim

Im ernsten Beinhaus war's, wo ich beschaute,
Wie Schädel Schädeln angeordnet paßten;
Die alte Zeit gedacht ich, die ergraute.
Sie stehn in Reih geklemmt, die sonst sich haßten,
Und derbe Knochen, die sich tödlich schlugen,
Sie liegen kreuzweis zahm allhier zu rasten.
Entrenkte Schulterblätter! Was sie trugen,
Fragt niemand mehr, und zierlich tät'ge Glieder,
Die Hand, der Fuß, zerstreut aus Lebensfugen.
[...]
(Goethe, Bei Betrachtung von Schillers Schädel)

Innerer Kettenreim:

```
-----------a
-----a-----b
-----b-----c
-----c-----d
```

Wenn langsam Welle sich an Welle schließet,
Im breiten Bette fließet still das Leben,
Wird jeder Wunsch verschweben in den einen:
Nichts soll des Daseins reinen Fluß dir stören.
(Friedrich Schlegel, Abendröte)

5.1.2 Reime im Versinnern

Mittelreim:	------a------
	------a------
Zäsurreim:	------a ' ------
	------a ' ------
Binnenreim:	---a---a---
Schlagreim:	----aa-----

5.1.3 Reime von Versinnerem zu Versende

Inreim:	----a----a
Mittenreim:	---------a
	----a----b

(fortgesetzt ergibt sich ein innerer Kettenreim, s. o.)

5.1.4 Reime am Versanfang

Anfangsreim:	a---------
	a---------

5.1.5 Reime von Versanfang zu Versende

Übergehender Reim:	-------a
	a-------
Pausenreim:	a-------
	-------a

5.2 Nach **Reimformen** werden unterschieden:

5.2.1 Unter qualitativem Aspekt

Reiner Reim:

Es war ein König in Thu**le**
Gar treu bis an das Gr**ab**,
Dem sterbend seine Bu**hle**
Einen goldnen Becher g**ab**.
(Goethe, Der König in Thule)

Unreiner Reim:

Unreinheiten treten im Vokalismus, im Konsonantismus der Reimzone oder in beiden auf. Zu beachten ist, daß der Dichter wegen seines Dialekts die Reime oft als rein empfunden hat:

- vokalisch unrein mit qualitativer Unreinheit: *stillest : füllest*

- vokalisch unrein mit quantitativer Unreinheit: *ihn : hin*

- konsonantisch unrein:
  Ach nei**ge**,
  Du Schmerzenrei**che**,
  Dein Antlitz gnädig meiner Not!
  (Goethe, Faust I, V. 3587 ff.)

- vokalisch und konsonantisch unrein:

Es dringen Blüten
Aus jedem Zw**eig**
Und tausend Stimmen
Aus dem Gestr**äuch**
(Goethe, Mailied)

Assonanz:
Eigenständiges Formprinzip in der neueren deutschen Literatur nach dem Vorbild der spanischen Literatur. Im Prinzip sind Assonanzen unreine Reime. Man kann unterscheiden:

- konsonantische Assonanz (Vokale sind gleich, Konsonanten assonieren: *Auen : Augen, Traume : lauschet*):
In dem abendlichen Garten
Wandelt des Alkaden To**ch**ter;
Pauken- und Trommetenjubel
Klingt herunter von dem Schlosse.
(Heine, Donna Clara)

- vokalische Assonanz (Konsonanten sind gleich, Vokale assonieren):
Hätt ich des Goldes ein Stücke ...,
meinem Buhlen wollt ichs schicken.
(Volkslied)

Häufig wird die vokalische Assonanz aber nicht mehr als Anklang empfunden, dann auch als unreiner Reim bezeichnet, z. B. *Riese : Rose*.

5.2.2 Unter quantitativem Aspekt

Einsilbiger oder **männlicher Reim:**
Weg, du Traum, so gold du b**ist**:
Hier auch Lieb und Leben **ist**.
(Goethe, Auf dem See)

Zweisilbiger oder **weiblicher Reim:**
Aug, mein Aug, was sinkst du n**ie-der**?
Goldne Träume, kommt ihr w**ie-der**?
(Goethe, Auf dem See)

Dreisilbiger oder **gleitender Reim:**
Alles Vergä**ng-li-che**
Ist nur ein Gleichnis;
Das Unzulä**ng-li-che**,
Hier wird's Ereignis;
Das Unbeschr**eib-li-che**,
Hier ist es getan;
Das Ewig-W**eib-l-iche**
Zieht uns hinan.
(Goethe, Faust II, V. 12104-11)

Doppelreim:

Zwei aufeinanderfolgende Wörter sind im Reim gebunden: *Hand sieht : Land flieht*.

Gespaltener Reim:

Reimklang aus zwei Wörtern, wobei die beiden zweiten identisch sind, mit manchmal humoristischer Wirkung: *fein sind : gemein sind* (Heine), *hat er : Vater*.

Erweiterter Reim:

Gleichklang oder Anklang vor dem eigentlichen Reim: *unde klagen : kumber tragen* (Reinmar)

Reicher Reim:

Reimbindung von zwei vollvokalischen Silben: *Wahrheit : Klarheit*

Rührender Reim:

Gleichklang identischer Wörter (auch: identischer Reim) oder gleichklingender Wörter (auch: äquivoker Reim): *ist : ist, nicht : nicht; ist : ißt, lehren : leeren*

Schüttelreim:

Sonderform des Doppelreims: die anlautenden Konsonanten (bzw. die Vokale) werden vertauscht: *Lind wiegt : Wind liegt*. Eine Spielerei, gern auch von Germanisten geübt!

Bei Wein und Käsegebäck
wird selbst der Baesecke keck!
(Helmut de Boor über seinen Kollegen)

Der Eskimo führt leicht das Ruder,
Doch nimmer er erreicht das Luder.
Es schwimmt um die polarsche Ecken
Und denkt: Kannst mich am ...
(Franz Mittler, Arktische Ballade)

Es saust mit dem Veloziped gar ab
Und um die Ecke Edgar Papp.

5.2.3 Unter grammatischem Aspekt

Hier sind einzuordnen die oben bereits behandelten Formen

Endsilbenreim:

(S. 37, Abschnitt 2)

Nebensilbenreim:

(S. 37, Abschnitt 3: Reim von Stammsilbe auf Endsilbe)

Stammsilbenreim oder **Haupttonsilbenreim:**

(S. 37, Abschnitt 4)

Weiter gehören hierher:

Grammatischer Reim:

Reimbindung von Flexionsformen (*sehen* : *sah*) oder Wortbildungen (*Reifen* : *reift*) eines Wortes; als rhetorische Figur Polyptoton genannt.

> Ich aber will dich beg**reifen**
> wie dich die Erde beg**reift**;
> mit meinem **Reifen**
> **reift**
> dein Reich.
> (Rilke, Alle welche dich suchen)

Gebrochener Reim:

Der Reim bricht ein Wort an der Silbengrenze auf:

> Er kam **hin-**
> ter den **Sinn.**

> Hans Sachs ist ein Sch**uh-**
> macher und Poet daz**u.**

VERZEICHNIS DER WICHTIGSTEN DEUTSCHEN STROPHENFORMEN

Im folgenden werden die 25 häufigsten Strophenformen in der deutschen Lyrik in Kurzcharakteristik und Beispiel vorgestellt. Ich stütze mich dabei auf: Frank, Horst Joachim (1993): Handbuch der deutschen Strophenformen. 2., durchges. Aufl. Tübingen: Francke. - (UTB. 1732), Tabelle S. 752 f. Auf diese Darstellung sei für detailliertere Information, vor allem für historische Erläuterungen, verwiesen. Frank verzeichnet neben der Häufigkeit für die neuhochdeutsche Dichtung insgesamt (Nr. 1 kommt auf 5,6 % aller ausgezählten Strophenbelege, Nr. 25 auf etwas unter 1 %) auch die Häufigkeit in einzelnen Epochen. Daraus ist eine differenziertere Beliebtheitsskala für die einzelnen Epochen abzulesen.

In unserem Überblick wird in den deutschen Strophenmustern nicht auf Doppelsenkungen in einzelnen Versen verwiesen: sie sind, entsprechend dem Gesetz der Füllungsfreiheit in der deutschen Metrik, an allen Stellen des Verses möglich. Es werden (abweichend von Frank) folgende Zeichen zur Beschreibung der Strophenform verwendet:

A = Auftakt bzw. kein Zeichen = kein Auftakt

arabische Ziffer = Anzahl der Hebungen

m bzw. w = männlicher oder weiblicher Versausgang

a, b, c etc. = Reimbuchstaben.

Die Nummern bei Frank sind in Klammern (F. + Nummer) in der Titelzeile aufgeführt. Die Zahl vor dem Punkt bezieht sich auf die Anzahl der Zeilen in der Strophe, die nach dem Punkt auf die innere Zählung bei Frank. Ein charakteristischer Text ist als Beispiel abgedruckt, in der Regel ein anderer als bei Frank.

Wegen der Begrenzung auf die wichtigsten Strophenformen entfallen die in metrischen Handbüchern behandelten weiteren antiken Strophenformen (sapphische, asklepiadeische; außer Nr. 13), die freien Strophenformen und die aus dem Romanischen entlehnten Gedichtformen (Sonett, Sestine u. a.).

1   = F. 4.58

A4ma A4ma A4mb A4mb

Die Strophenform wurde im 16. Jahrhundert in 23 % der von Frank ausgezählten Belege verwandt, später nimmt die Beliebtheit ab. Ihre führende Rolle verdankt die Strophe ihrer Verbreitung in geistlicher Lieddichtung (Luther, *Vom Himmel hoch*).

> Es war einmal ein braver Husar,
> Der liebt sein Mädel ein ganzes Jahr:
> Ein ganzes Jahr und noch viel mehr,
> Die Liebe nahm kein Ende mehr.
> (volkstümlich)

2   = F. 4.20

A3wa A3mb A3wa A3mb (Reimschema auch: xaxa)

Die deutsche Volksliedstrophe schlechthin, die sich letztlich aus dem mittelalterlichen Vorbild des "Nibelungenliedes" herleitet. Sie steht auch noch im 20. Jahrhunderts an zweiter Stelle.

> Im Krug zum grünen Kranze,
> Da kehrt ich durstig ein,
> Da saß ein Wandrer drinnen
> Am Tisch beim kühlen Wein.
> (Wilhelm Müller, Brüderschaft)

3   = F. 4.49

4wa 4mb 4wa 4mb (Reimschema auch: xaxa)

In der Goethezeit und im 19. Jahrhundert die beliebteste Strophenform. Wegen ihrer Verwendung heißt sie auch Romanzenstrophe. Sie ist immer noch beliebt (20. Jahrhundert ebenfalls dritter Rang).

> Hochbeglückt in deiner Liebe
> Schelt ich nicht Gelegenheit,
> Ward sie auch an dir zum Diebe
> Wie mich solch ein Raub erfreut!
> (Goethe, West-östlicher Divan: Suleika)

4   = F. 4.36

A4ma A3wb A4ma A3wb (Reimschema auch: xaxa)

Ursprünglich im geistlichen Bereich verwendet. In der Romantik außerordentlich beliebt, u. a. in Balladen und Romanzen. Lebt auch heute noch.

> Es läutet beim Professor Stein.
> Die Köchin rupft die Hühner.
> Die Minna geht: Wer kann das sein?-
> Ein Gaul steht vor der Türe.
> (Morgenstern, Der Gaul)

5   = F. 7.7

A4ma A3wb A4ma A3wb A4mc A4mc A3wb (oder x)

Dreiteiliger Aufbau (zweiteiliger Aufgesang, Abgesang ggf. mit Kehrvers am Ende), wie er schon im mittelhochdeutschen Minnelied (Kanzone) vorliegt. Die Strophe wurde in der Neuzeit durch Luther populär, daher auch Lutherstrophe genannt. Später als Romanzen- und Balladenstrophe verwendet.

> Aus tiefer Not schrei ich zu dir.
> Herr Gott, erhör mein Rufen.
> Dein gnädig Ohren kehr zu mir
> Und meiner Bitt sie offen.
> Denn so du willst das sehen an,
> Was Sünd und Unrecht ist getan;
> Wer kann, Herr, vor dir bleiben?
> (Luther, Aus tiefer Not)

6   = F. 4.67

A4wa A4mb A4wa A4mb (Reimschema auch: xaxa)

Eine vielgestaltige Strophenform, in der das Sprechen in Langzeilen nachwirkt, hier mit fallendem Sprachgestus. Verbreitet seit dem 18. Jahrhundert. Seither von ungebrochener Beliebtheit.

> Ach, nicht in dir, nicht in Gestalten
> der Liebe, in des Kindes Blut,
> in keinem Wort, in keinem Walten
> ist etwas, wo dein Dunkel ruht.
> (Benn, Regressiv)

7   = F. 8.7

A3wa A3mb A3wa A3mb A3wc A3md A3wc A3md
(Reimschema auch: xaxaxbxb)

Häufigster deutscher Achtzeiler, ursprünglich in der Heldenepik verwendet ("Jüngeres Hildebrandslied"), dann Kirchenliedstrophe (Paul Gerhardt, *O Haupt voll Blut und Wunden*), später auch für gesellige Inhalte.

> Es war einmal ein König,
> Der hatt' einen großen Floh,
> Den liebt' er gar nicht wenig,
> Als wie seinen eignen Sohn.
> Da rief er seinen Schneider,
> Der Schneider kam heran:
> Da, miß dem Junker Kleider,
> Und miß ihm Hosen an!
> (Goethe, Faust I, V. 2211-18)

8   = F. 4.106

A5wa A5mb A5wa A5mb

Häufigste Strophe in der Lyrik des 20. Jahrhunderts (Frank: 9,2
%). In ihr ist viel Platz für weitschwingende Aussagen jeweils in
Vers 1/2 und 3/4.

> Von guten Mächten wunderbar geborgen,
> erwarten wir getrost, was kommen mag.
> Gott ist bei uns am Abend und am Morgen
> und ganz gewiß an jedem neuen Tag.
> (Dietrich Bonhoeffer)

> Ich laß mir meine Märchen etwas kosten
> Bremen Berlin mit leichtem Handgepäck
> dreiviertel Stunden schweb ich in den Wolken
> und lande immer auf demselben Fleck
> (Ulla Hahn, Kunstmärchen)

9   = F. 4.34

A4ma A3mb A4ma A4mb (Reimschema auch xaxa)

Sog. Chevy-Chase-Strophe. Seit dem 18. Jahrhundert sehr beliebt,
auch in der Balladendichtung.

> Ich hab' es getragen sieben Jahr
> Und ich kann es nicht tragen mehr!
> Wo immer die Welt am schönsten war,
> Da war sie öd' und leer.
> (Fontane, Archibald Douglas)

10   = F. 4.54

4wa 4wb 4wa 4wb (Reimschema auch xaxa)

Fließende Strophe, da synaphisch (gefugt). Daher in der Kolonglie-
derung frei. Geeignet für Lied, Erzählung, Spruch. Seit der Romantik, dem späten Goethe (Schenkenstrophe in "West-östlicher
Divan") und vor allem seit Heine sehr beliebt.

> Fahre fort mit Dornenschlägen
> Weiße Rose; meinem Herzen,
> Dem verbrannten, quillt ein Segen
> Aus den Tränen, aus den Schmerzen.
> (Brentano, Frühes Lied)

11 = F. 8.26

4wa 4mb 4wa 4mb 4wc 4md 4wc 4md (Reimschema auch xaxaxbxb)

Verdoppelung der Strophenform Nr. 3. Beliebt seit Ende des 18. Jahrhunderts in Lied, Romanze und Ballade, im 20. Jahrhundert zurückgehend.

> Mahadöh, der Herr der Erde,
> Kommt herab zum sechsten Mal,
> Daß er unsersgleichen werde,
> Mit zu fühlen Freud und Qual.
> Er bequemt sich, hier zu wohnen,
> Läßt sich alles selbst geschehn.
> Soll er strafen oder schonen,
> Muß er Menschen menschlich sehn.
>
> (Goethe, Der Gott und die Bajadere)

12 = F. 6.19

A4ma A4ma A3wb A4mc A4mc A3wb

Beliebteste deutsche Schweifreimstrophe auf der Basis einer Terzine. Verbreitet seit dem 15./16. Jahrhundert im weltlichen, seltener geistlichen Lied, im 19. Jahrhundert als Balladenstrophe, auch im 20. Jahrhundert noch verbreitet (J. Klepper, *Der du die Zeit in Händen hast*).

> Geh aus, mein Herz, und suche Freud
> In dieser lieben Sommerszeit
> An deines Gottes Gaben:
> Schau an der schönen Gärten Zier,
> Und siehe, wie sie mir und dir
> Sich ausgeschmücket haben.
>
> (Paul Gerhardt, Sommer-Gesang)

13 = F. 4.80

xXxXx | XxxXxX   x (reimlos)
xXxXx | XxxXxX   x
xXxXxXxXx   x
XxxXxxXxXx   x

Alkäische Strophe, Nachbildung der antiken Odenstrophe (Horaz, *Odi profanum vulgus et arceo*), bestehend aus zwei Elfsilbern, einem Neun- und einem Zehnsilber. In Deutschland seit Klopstock verbreitet, besonders bei Dichtern, die sich der antiken Form verbunden fühlen (Hölderlin, Platen, Weinheber, R. A. Schröder). Immer reimlos. Vers 1 und 2 haben eine feste Zäsur nach der unbetonten 5. Silbe, wodurch der Vers in zwei Hälften geteilt wird.

Im Abvers der ersten beiden Verse kommt als (dem antiken Maß verpflichtete) Variante vor: XxxXxx, z. B. *komm aus den dämmernden* (Klopstock).

> Mir ist noch immer, wie mir vorzeiten war,
> Als durch den Garten, unter den hangenden,
> Fruchtüberladnen Apfelbäumen
> Mitten ins Schattengewirr der Vollmond [...]
> (R. A. Schröder, September-Ode)

14   = F. 4.59

A4ma A4mb A4ma A4mb (Reimschema auch: xaxa)

Anspruchslose Strophenform, von der paarreimenden Form Nr. 1 unterschieden durch den Kreuzreim. Erst seit der Romantik beliebter.

> Ach, wenn ich nur der Schemel wär,
> Worauf der Liebsten Füße ruhn!
> Und stampfte sie mich noch so sehr,
> Ich wollte doch nicht klagen tun.
> (Heine, Buch der Lieder: Lyrisches Intermezzo)

15   = F. 8.15

A4ma A3wb A4ma A3wb A4mc A3wd A4mc A3wd

Doppelung der Form Nr. 4. In zahllosen Kirchenliedern seit dem 16. Jahrhundert, seit Ende 18. Jahrhundert auch in weltlicher Lyrik. Heute kaum noch gebräuchlich.

> Die reine Stirn der Morgenröt
> War nie so fast gezieret,
> Der Frühling nach dem Winter öd
> War nie so schön muntieret,
> Die weiche Brust, der Schwanen Weiß
> War nie so wohl gebleichet,
> Die gülden Pfeil der Sonnen heiß
> Nie so mit Glanz bereichet.
> (Spee von Langenfeld)

16   = F. 8.37

A4wa A4mb A4wa A4mb A4wc A4md A4wc A4md

Verdoppelung der Form Nr. 6. Häufigste deutsche Strophenform der Aufklärung, seit der Romantik in Balladen, Legenden, Erzählgedichten.

Es schlug mein Herz, geschwind zu Pferde!
Es war getan fast eh gedacht.
Der Abend wiegte schon die Erde,
Und an den Bergen hing die Nacht;
Schon stand im Nebelkleid die Eiche,
Ein aufgetürmter Riese, da,
Wo Finsternis aus dem Gesträuche
Mit hundert schwarzen Augen sah.
(Goethe, Willkommen und Abschied)

17   = F. 4.103

A5ma A5wb A5ma A5wb (Reimschema auch: xaxa)

Eine der häufigsten Strophen im 20. Jahrhundert, aber (seltener) auch schon früher seit dem 17. Jahrhundert.

Versunken ist der Tag in Purpurrot,
Der Strom schwimmt weiß in ungeheurer Glätte.
Ein Segel kommt. Es hebt sich aus dem Boot
Am Steuer groß des Schiffers Silhouette.
(Heym, Der Abend)

18   = F. 2.5

A4ma A4ma

Zweizeiler, dessen Quellen in der ambrosianischen Hymnik und im altdeutschen paarweise gereimten Vierheber zu sehen sind. Beliebt im Kirchenlied des 16. Jahrhunderts und in volkstümlichen Formen. In dieser Tradition noch im 20. Jahrhundert, gelegentlich parodistisch.

Der Wasseresel taucht empor
und legt sich rücklings auf das Moor.

Und ordnet künstlich sein Gebein
im Hinblick auf den Mondenschein.
(Morgenstern, Der Wasseresel)

19   = F. 4.93

5wa 5mb 5wa 5mb (Reimschema auch: xaxa)

Lyrische Strophe, seit der Empfindsamkeit beliebt nach dem Vorbild der englischen Mond- und Gräberpoesie, besonders beliebt zum Ausdruck elegischer Stimmungen. So noch im 20. Jahrhundert, in dem diese Strophe an siebter Stelle steht.

O wie blüht mein Leib aus jeder Ader
duftender, seitdem ich dich erkenn;
sieh, ich gehe schlanker und gerader,
und du wartest nur -: wer bist du denn?
(Rilke, Opfer)

20   = F. 4.31

4ma 3wb 4ma 3wb (Reimschema auch: xaxa)

Die auftaktlose Variante zu Nr. 4, im Mittelalter als Vagantenstrophe bekannt (*Meum est propositum   in taberna mori*). Anspruchslose Strophe, für volkstümliche Inhalte seit Ende des 18. Jahrhunderts beliebt.

Leise zieht durch mein Gemüt
Liebliches Geläute.
Klinge, kleines Frühlingslied,
Kling hinaus ins Weite.
(Heine)

21   = F. 4.109

A5wa A5wb A5wa A5wb

Gebildet nach dem Vorbild des italienischen Endecasillabo. Die Strophe gibt viel Raum für empfindungshaftes Sprechen. Durch George fand sie im 20. Jahrhundert weite Verbreitung.

Die blume die ich mir am fenster hege
Verwahrt vorm froste in der grauen scherbe
Betrübt mich nur trotz meiner guten pflege
Und hängt das haupt als ob sie langsam sterbe.
(George)

22   = F. 5.6

A4ma A4ma A3wb A4ma A3wb

Lindenschmidtstrophe, benannt nach dem Titelhelden einer Volksballade vom Räuber Lindenschmidt. In weltlichen (z. B. *Es steht ein Wirtshaus an der Lahn*), auch geistlichen volksliedhaften Texten.

Es ist nicht lange, daß es geschah,
Daß man den Lindenschmidt reiten sah
Auf einem hohen Rosse.
Er reitet den Rheinstrom auf und ab,
Er hat ihn gar wohl genossen.
(Lindenschmidt)

23   = F. 6.30

4wa 4wa 4mb 4wc 4wc 4mb

In allen Epochen beliebte Schweifreimstrophe, zunächst mit geistlichen, dann auch mit weltlichen Inhalten. Das Lied *Prinz Eugen, der edle Ritter* (entstanden 1717), das die Form verwendet, ist Vorbild für zahlreiche Lieder patriotischen Inhalts.

> Wie der Held am Siegesmahle
> Ruhen wir um die Pokale,
> Wo der edle Wein erglüht,
> Feurig Arm in Arm geschlungen
> Trunken von Begeisterungen
> Singen wir der Freundschaft Lied.
>> (Hölderlin, Lied der Freundschaft. Zweite Fassung)

24   = F. 4.64

A4ma A4wb A4ma A4wb (Reimschema auch: xaxa)

Variante zu der wesentlich häufigeren Form Nr. 6. Geläufig erst seit dem 18. Jahrhundert. Der auslaufende Ton am Ende des 2. und 4. Verses gibt der Strophe Weichheit. Auch in Reflexionen und Epigrammen beliebt.

> Wer nie sein Brot mit Tränen aß,
> Wer nie die kummervollen Nächte
> Auf seinem Bette weinend saß,
> Der kennt euch nicht, ihr himmlischen Mächte.
>
> Ihr führt ins Leben uns hinein,
> Ihr laßt den Armen schuldig werden,
> Dann überlaßt ihr ihn der Pein;
> Denn alle Schuld rächt sich auf Erden.
>> (Goethe, Harfenspieler)

25   = F. 4.100

A5ma A5mb A5ma A5mb

Elegische Beschaulichkeit macht die Strophe für weite Betrachtungen geeignet. Im 20. Jahrhundert wird diese Form, im Zuge der Beliebtheit des Fünfhebers, besonders gerne verwandt.

> Auf einem Häuserblocke sitzt er breit,
> Die Winde lagern schwarz um seine Stirn.
> Er schaut voll Wut, wo fern in Einsamkeit
> Die letzten Häuser in das Land verirrn.
>> (Heym, Der Gott der Stadt)

4. Repertorium rhetorischer Figuren

Die folgende Übersicht will keine neue Systematik des rhetorischen Figurensystems vermitteln, sondern dem Studienanfänger durch ihren Aufbau den Zugang zu einem schwer überschau- und systematisierbaren Feld erleichtern. Die Figurenlehre (lat. *ornatus verborum*) bildet als Teil der antik-mittelalterlichen Redelehre (Rhetorik) die Grundlage für die wirksame Ausgestaltung jeder Art von sprachlicher Äußerung, also auch der Dichtung. Rhetorischer Figurenschmuck ist nicht in allen Epochen und bei allen Autoren in gleichem Maße beliebt, aber kein Text ist frei von Schmuckelementen: deren Beschreibung und Deutung gehört in jede Textanalyse.

Die verknappende und nur die wichtigsten Figuren berücksichtigende Übersicht muß ergänzt werden durch genauere Informationen in Sachwörterbüchern und rhetorischen Nachschlagewerken. Dort finden Sie weitere Differenzierungen, Beispiele und, als Merkstütze wichtig für den des Griechischen oder Lateinischen Unkundigen, die wörtliche Übersetzung des Terminus, auf die hier nur in Andeutungen eingegangen wird. Bei schwierigen Termini sind Akzente über die betonte Silbe gesetzt.

Im folgenden bedeutet das Zeichen x usw. ein sprachliches Element, mit hochgestelltem Exponenten eine grammatische oder inhaltliche Variante, | einen Einschnitt bzw. eine syntaktische Grenze, Punkte beliebige andere sprachliche Elemente.

Wir unterscheiden:

1   Rhetorische Figuren im engeren Sinn, d. h. solche Figuren, die den eigentlichen Wortlaut nicht wesenhaft verändern:
    1.1   Wortfiguren
    1.2   Sinnfiguren
    1.3   Grammatische Figuren
    1.4   Klangfiguren
2   Figuren der uneigentlichen Rede (Tropen), die sich einer übertragenen bzw. bildlichen, also uneigentlichen Redeweise bedienen.
    2.1   Grenzverschiebungstropen
    2.2   Sprungtropen

1 RHETORISCHE FIGUREN IM ENGEREN SINN

1.1 W o r t f i g u r e n

Wortfiguren sind solche Formulierungen, in denen Wörter/Wortfolgen in gleicher oder variierter Form/Bedeutung wiederholt werden. Viele von ihnen dienen der Verbreiterung der Aussage (lat. amplificatio), um die Wirkung der Aussage zu erhöhen.

1.1.1 Wort-/Wortfolgenwiederholung in gleicher oder verwandter Bedeutung

1.1.1.1 unmittelbar hintereinander: xx

- **Geminátio** (lat. Wiederholung): xx…: *mein Vater, mein Vater;* …xx…: *eine rote, rote Rose;* …x|x… (Anadiplose): *die Blätter fallen, fallen wie von weit;* …xx: *singet leise, leise, leise.*
- **Anadiplóse** (gr. Verdoppelung): yx|xy: *einer für alle, alle für einen.*

1.1.1.2 mit Abstand: |x…x…

- **Anápher** (gr. Rückbeziehung, Wiederaufnahme): |x…|x…: *dem Schnee, dem Regen, dem Wind entgegen.*
- **Epípher** (gr. Zugabe): …x|…x: *gegen mich nicht, ohne mich nicht.*
- **Symploké** (gr. Verflechtung; Kombination von Anapher und Epipher): |x…y|x…y: *er hörte das Wasser, er sah das Wasser.*
- **Epanalépse** (gr. Wiederholung): |x…x…|: *er lauschte und er lauschte.*

1.1.2 Wort-/Wortfolgenwiederholung in abgewandelter Bedeutung

Eine Unterscheidung ohne Abstand - mit Abstand ist nicht üblich, daher: x (…) x[1]

- **Polýptoton** (gr. viel + Fall; Wiederholung mit Kasusveränderung): *Aug um Auge.*
- **Figura etymológica** (lat.-gr.; Wiederholung etymologisch verwandter Wörter oder Wortformen): *Sah ich, als ich sehn anfing.*
- **Paronomasíe** (gr. Wortumbildung; Wiederholung durch ein klangähnliches Wort): *Rheinstrom … Peinstrom.*

1.1.3 Worthäufung von Wörtern desselben Sinnbereichs

- **Accumulátio** (lat. Anhäufung; Häufung als Detaillierung): *Krieg, Schwert, Flamm und Spieß …*

- **Klímax** (gr. Leiter; steigernde Reihung von Synonymen oder Gedanken): *ich kam, ich sah, ich siegte*. Gegenteil: Antiklimax: *Großeltern, Eltern, Kinder*.
- **Pleonásmus** (gr. Überfluß; überflüssiger synonymer Zusatz): *mit meinen eigenen Augen*.
- **Tautologíe** (gr. dasselbe + Wort; Wiedergabe eines Begriffs durch zwei oder mehr Synonyma): *ganz und gar*.

1.2 Sinnfiguren

Sinnfiguren tragen durch semantische Erweiterung zur Ordnung und Verdeutlichung des Gedankengangs bei.

- **Vergleich** (Inbeziehungsetzung mehrerer Phänomene über die Partikel *wie*): *Haare wie Gold*.
- **Parenthese** (gr. Einschub): *sie ist - glaubt es mir - glücklich*.
- **Antithese** (gr. Gegen-Satz; Gegenüberstellung von Gegensätzlichem): *groß und klein*.
- **Hýsteron próteron** (gr. das Spätere als Früheres; Umkehrung der zeitlichen oder logischen Abfolge): *Ihr Mann ist tot und läßt sie grüßen*.
- **Chiásmus** (gr., nach dem Buchstaben X = chi; Überkreuzstellung): *Die Kunst ist lang, und kurz ist unser Leben*.
- **Parallelismus** (gr. gleichlaufend; Parallelordnung mehrerer Glieder): *ich gehe, ich entschwinde*.
- **Apóstrophe** oder **Invocatio** (gr., Abwendung [vom Richter], lat. Anrufung; Hinwendung zum Publikum, Anrede z. B. von Dingen, Abstrakten, Musen): *Sing, unsterbliche Seele!*
- **Interjectio** (lat. Einwurf; Zwischenrede): *Sing, ach! sing.*
- **Exclamatio** (lat. Ausruf): *Vivat!*
- **Dubitatio** oder **Aporie** (lat., gr. Zweifel; Einschub, der Unsicherheit zu erkennen gibt): *Womit soll ich beginnen?*
- **Oxýmoron** (gr. scharf + dumm; Verbindung von zwei sich logisch ausschließenden sprachlichen Elementen): *bittersüß, schwarze Milch*.

1.3 Grammatische Figuren

Grammatische Figuren beruhen auf einer Abweichung von der grammatisch erwarteten Norm. Die Grenze zum sprachlichen Fehler ist fließend.

1.3.1 Änderung des üblichen Wortlautes

- **Aphärése** (gr. Wegnahme; Abfall eines Lautes oder einer Silbe am Wortanfang): *'s Röslein*.
- **Apókope** (gr. Abschlagen; dasselbe am Wortende): *Knab*.

- **Elisión** (lat. Ausstoßung; Ausstoßung eines Vokals zur Vermeidung des Hiats): *sagt' ich.*

1.3.2 Abweichung vom grammatisch korrekten Sprachgebrauch

- **Aposiopése** (gr. Verstummen; Redeabbruch): *Daß dich der Teufel ...!*
- **Ellipse** (gr. Auslassung; Auslassung eines zum Verständnis nicht unbedingt notwendigen Redeteils): *wohin so schnell?*
- **Enállage** (gr. Vertauschung; Verschiebung der logischen Wortbeziehung, besonders beim Adjektiv): *reiterliches Kunststück.*
- **Tmesis** (gr. Zerschneidung; Trennung eines Wortes durch ein anderes sprachliches Element): *ob ich schon wanderte* statt *obschon ich wanderte.*
- **Hendiadyóin** (gr. eins durch zwei; Ausdruck eines Begriffs durch zwei nebeneinander geordnete Wörter): *ihre Röte und ihre Wangen.*
- **Zeugma** (gr. Joch, Zusammengefügtes; Zuordnung eines Satzteils zu zwei oder mehr syntaktisch oder semantisch verschiedenen Satzteilen): syntaktisches Z.: *ich suche dich, du* (ergänze: *suchst) mich*; als semantisches Z. häufig Stilfehler: *er schlug den Weg zum Bahnhof und ein Fenster ein.*

1.3.3 Abweichung von der üblichen Wortstellung

- **Inversio(n)** oder **Anástrophe** (lat., gr. Umkehrung; Umkehrung der üblichen Wortfolge): *Röslein rot.*
- **Hypérbaton** (gr. Umgestelltes; Trennung eng zusammengehöriger sprachlicher Teile, Sperrung): *Und freundlich Glück fließt, Gottheit, von dir aus.*
- **Paralípse** oder **Praeterítio** (gr., lat. Unterlassung, Umgehung; das Übergehen eines Redegegenstandes wird angekündigt, aber nicht eingehalten): *Ich will nicht reden von seiner Unzuverlässigkeit.*

1.4 K l a n g f i g u r e n

Klangfiguren stellen eine bewußte klangliche Gliederung einer Periode dar.

- **Homoiotéleuton** (gr. gleich endend; Gleichklang des Auslauts aufeinanderfolgender Wörter): *singen und klingen.*
- **Reim** (in Verstexten Gleichklang von Wörtern vom letzten betonten Vokal an, auch reiner Reim genannt): *Nöte : Röte.*
- **Alliteration** (lat. an + Buchstabe; gleicher Anlaut aufeinanderfolgender oder in geringem Abstand wiederholter Wörter): *lauter lustige Leute.*

- **Onomatopöie** (gr. Name + schöpfen; Lautmalerei): *klinkern und flinkern und blinkern.*
- **Cursus** (lat. Lauf): Durch dynamischen Akzent geregelte Periodenschlüsse in mittelalterlicher lateinischer Prosa, in deutscher Kunstprosa nachgeahmt. Ersetzt die Klausel, die in antiker Prosa die Schlüsse durch Silbenquantität regelt. Man unterscheidet cursus planus (gleichmäßig: *líeber Genósse*), cursus tardus (langsam: *éwig Verlórene*), cursus velox (rasch: *schlímmere Unterlássung*), cursus trispondiacus (aus drei Spondeen bestehend: *gelíebte Kameráden*).

2 FIGUREN DER UNEIGENTLICHEN REDE (TROPEN)

Tropen (gr. Wendung, Richtung) sind in übertragenem, bildhaftem Gebrauch verwendete sprachliche Mittel. Zwischen Ausdruck und Inhalt, Gesagtem und Gemeintem besteht ein semantischer Unterschied. Nach dessen Grad kann man zwischen Grenzverschiebungs- und Sprungtropen unterscheiden.

2.1 Grenzverschiebungstropen

Ein Teil von ihnen wird gelegentlich auch als Sprungtropen bezeichnet.

- **Periphrase** oder **Circumlocutio** (gr., lat. Umschreibung): *jenes höhere Wesen, das wir verehren* für *Gott*. Beschönigende Umschreibung: **Euphemismus**; emphatische Umschreibung: **Adýnaton**.
- **Antonomasíe** (gr. Umbenennung; Ersetzung eines Eigennamens durch besondere Merkmale des Benannten): *der Löwe aus Bayern* für *F. J. Strauß*.
- **Synékdoche** (gr. Mitverstehen; Austausch eines Wortes durch ein anderes, mit fließenden Grenzen zur Metonymie), z. B.: Teil für das Ganze (pars pro toto) bzw. umgekehrt (totum pro parte): *Kiel* für *Schiff*, *wir* für *ich*; Allgemeines für Spezielles bzw. umgekehrt: *Jugend* für *junge Leute*, *Brot* für *Nahrung*; Nachfolgendes für Vorausgehendes bzw. umgekehrt: *Rebensaft* für *Wein*.
- **Emphase** (gr. Verdeutlichung; Nachdrücklichkeit, Verdeutlichung durch ein Wort, das einen gemeinten Tatbestand nicht ausdrücklich, sondern nur durch den Kontext erschließbar enthält): *ein Mensch!* (gemeint z. B. *ein Sterblicher* oder *ein Irrender*).

- **Metonymíe** (gr. Umbenennung; Ersetzung einer eigentlichen Benennung durch eine andere, mit ihr aber in Beziehung befindliche; zwischen Metapher und Synekdoche stehend), z. B.:
  - Ursache statt Wirkung: *der bleierne Tod* für *Kugel*;
  - Behälter statt Inhalt: *ein Glas trinken*;
  - Konkretum statt Abstraktum: *Zepter* für *Herrschaft*;
  - Person statt deren Tätigkeit: *vom Bauern leben*;
  - Autor statt Werk: *Brecht lieben*; usw.
- **Litótes** (gr. Schlichtheit; Unterbietung durch Negation des Gegenteils): *nicht klein* für *ziemlich, sehr groß*.
- **Hypérbel** (gr. Übermaß; Übertreibung meist mit Mitteln der Metaphorik): *ein Herz aus Stein, eine Ewigkeit warten*.
- **Katachrése** (gr. Mißbrauch; uneigentlicher Gebrauch eines Wortes): *Fischauge* für *spezielle Fotolinse*. Wenn die Bildbereiche nicht zueinander passen, entsteht ein (oft fehlerhafter) Bildbruch: *Das schlägt dem Faß die Krone ins Gesicht*.

2.2 Sprungtropen

Bei ihnen erschließt sich das Gemeinte erst durch einen "Sprung", da zwischen Gesagtem und Gemeintem eine größere Entfernung besteht.

- **Metapher** (gr. Übertragung): Die Vielzahl der Möglichkeiten metaphorischen Ausdrucks wird unterschieden:
  - nach den Kategorien unbewußt (dann auch verblaßte M. genannt) gegenüber bewußt;
  - nach der grammatischen Kategorie des ersetzten Wortes (z. B. Adjektiv-M.);
  - nach der Anzahl der Glieder (ein- oder mehrgliedrige M.);
  - nach dem Wirkungsgrad (z. B. kühne oder absolute M.);
  - nach der Frequenz (stereotyp oder ungewöhnlich);
  - nach semantischen Kategorien (im Anschluß an die spätantike Redelehre Quintilians): Übertragung von Leblosem auf Belebtes (*Wüstenschiff* für *Kamel*) bzw. umgekehrt (*Bauch von Paris*), von Belebtem auf Belebtes (*dumme Kuh!* als Schimpfwort für einen Menschen), von Leblosem auf Lebloses (*Blitz* für *Schwert*).
- **Allegorie** (gr. etwas anderes sagen; bildliche Rede, häufig als fortgesetzte Metapher bezeichnet): z. B. mittelalterliche Minneallegorien, Lessings Ringallegorie im "Nathan", G. Heym, *Der Gott der Stadt*.
- **Ironie** (gr. Verstellung; das Gesagte ist das Gegenteil des Gemeinten): z. B. *denn Brutus ist ein ehrenwerter Mann*.

5. ANREGUNGEN - LEKTÜRE FÜR GERMANISTEN

Lektürelisten haben eine lange Tradition. Jede von ihnen fordert Kritik an der stets subjektiven Auswahl heraus, und diejenigen, die ihr Leseverhalten und ihr Lesepensum nach ihnen einrichten sollen, haben solche Listen zu allen Zeiten verwünscht.

Seit der Antike werden für ein Wissensgebiet verbindliche Texte in einem Kanon zusammengestellt. Bekannt sind Kanones von Religionsgemeinschaften (z. B. die christliche Bibel), von Regelwerken und Gesetzestexten. In einem literarischen Kanon ist Exemplarisches bzw. Nachahmenswertes gesammelt, als Vorbild für nachgeborene Dichter und heranwachsende Schüler. Alexandrinische und byzantinische Gelehrte der Spätantike haben Kanones für die Schullektüre aufgestellt, in denen drei Tragiker, neun Lyriker und zehn attische Redner genannt werden. Auch der römischen Literatur sind Listen bekannt, in denen die Werke von geschätzten Autoren zusammengestellt sind. Eng verbunden mit der Aufnahme in einen Kanon ist (seit Cicero und Aulus Gellius) auch die Einschätzung eines Dichters als *scriptor classicus*, als mustergültiger Schriftsteller (in einem metaphorischen Gebrauch des Wortes *classicus*). Diese ästhetischwertende Bedeutung des Wortes *klassisch* im Sinne von 'vorbildhaft, mit kanonischer Geltung versehen' ist neben der historischen und allgemeinwertenden Bedeutung des Wortes noch heute geläufig.

'Klassisches' ist also gemeinhin in einem 'Kanon' gesammelt: er stellt eine als allgemeingültig und dauernd verbindlich gedachte Auswahl vorbildlicher dichterischer Leistungen dar. Nahezu synonym hiermit ist der Begriff 'Weltliteratur', wenn damit Werke gemeint sind, die über Zeiten und Räume hinauswirken und zum Gemeingut auch anderer Kulturen geworden sind.

In der folgenden Lektüreliste wurde eine Auswahl aus klassischen Werken der deutschen Literatur getroffen, die auch von einem außerdeutschen Standpunkt aus weitgehend weltliterarisches Niveau beanspruchen können. Dies ist besonders für die Werke bis zum Ende des 19. Jahrhunderts der Fall; die weltliterarische Kanonbildung für die deutsche Literatur des 20. Jahrhunderts und besonders für die Gegenwartsliteratur ist noch nicht abgeschlossen, so daß hier die Auswahl an Lektürevorschlägen weiter ist. Mit dieser angestrebten Beschränkung auf Werke von weltliterarischer Geltung unterscheidet sich der hier präsentierte Kanon von anderen, die wesentlich umfangreicher sind und dadurch möglicherweise auch den gutwilligen Leser verschrecken.

In den Kanon ist auch die außerdeutsche Literatur integriert, die in anderen Vorschlägen neueren Datums in Einschübe (*Segebrecht 1994*, s. u.) oder Anhänge (*Leseliste 1994*, s. u.) verbannt ist. Mit der Integration soll darauf aufmerksam gemacht werden, daß die außerdeutsche Literatur zum Lesepensum des Germanisten unabdingbar dazugehört.

Die Lektüreliste enthält knapp 150 Werke aus der deutschen (einschließlich der mittelalterlichen) Literatur mit sehr unterschiedlichem Umfang (z. T. sind die Texte sehr kurz) und ca. 50 Werke der außerdeutschen (einschließlich der antiken) Literatur von größerem Umfang. Mit diesen 200 Werken weist der Kanon einen Kernbestand auf, dessen Lektüre einen Prüfungskandidaten mit Zuversicht für das Prüfungsgespräch ausstattet. Es muß allerdings einem am Beginn seines "Leselebens" stehenden Studenten gestattet sein, die größeren Werke in Auszügen zu lesen und sich über den inhaltlichen Zusammenhang in einem Dramenführer (vgl. Kapitel 2 "Basisliteratur": Gregor, Nr. 389; Hensel, Nr. 382; Kathrein, Nr. 386; Kienzle, Nr. 384) oder einem Romanführer (Olbrich, Nr. 390; Klemm, Nr. 383) zu informieren. Der Hinweis "Ausz(üge)" bzw. "Auswahl aus" oder "Beispiele" oder "z. B." verweist auf solche Werke oder Werkgruppen.

Wenn Sie die Lektüreempfehlungen als einen Wegweiser annehmen, dürften Sie am Ende Ihres Studiums über einen recht ansehnlichen Schatz an gelesenen und erarbeiteten Werken verfügen. Wenn man (unter Ausklammerung von lyrischen Werken) davon ausgeht, daß Sie während Ihrer Schulzeit bereits etwa ein Viertel (also ungefähr 50 Titel) der empfohlenen 200 Werke gelesen oder im Theater oder in einer Fernsehfassung (Vorsicht bei freien Nachschöpfungen!) gesehen haben, und wenn Sie sich als Semesterpensum (einschließlich der für Lektüre besonders geeigneten vorlesungsfreien Zeit) jeweils weitere 5 bis 10 Titel erlesen, dann summiert sich Ihr Fundus bis zum Ende Ihres Studiums (nach 7 bis 10 Semestern) auf eine ansehnliche Reihe von Werken.

Bei Ihrer Auswahl sollten Sie natürlich berücksichtigen, ob Sie das Fach Deutsch/Germanistik als Haupt- oder Nebenfach studieren oder auch welchen Studiengang Sie gewählt haben. Den Studierenden im Studiengang Lehramt an Grund-/Hauptschulen bzw. an Realschulen ist eine andere Schwerpunktsetzung zu empfehlen, sowohl unter historischem (Literatur seit dem 18. Jahrhundert) als auch unter gattungsmäßigem Aspekt (kleinepische Formen und moderne Bühnenliteratur), als etwa den im Studiengang Lehramt an Gymnasien oder in einem Magisterstudiengang Immatrikulierten, für die der Vorschlag in Gänze gilt.

Ein besonderer Hinweis scheint noch für die Lektüre von lyrischen Werken angebracht: Bedeutende Lyriker oder lyrische Gattungen des

Mittelalters und der frühen Neuzeit sind mit Namen bzw. der Gattungsbezeichnung in die Liste aufgenommen. Für die Zeit ab 1600 sind nur noch vereinzelt lyrische Werke aufgenommen, vor allem wenn bedeutende Autoren, die im Kanon vorkommen sollten, nur lyrische Werke hinterlassen haben. Statt dessen wurden einige Anthologien in den bibliographischen Hinweisen aufgeführt: ein Überblick über die Geschichte der deutschen Lyrik ist mindestens ebenso wichtig ist wie die vertiefte Lektüre des lyrischen Werkes eines einzelnen Autors.

Geordnet ist diese Lektüreliste nach Epochen, orientiert an den Zuordnungen in dem Autorenlexikon *Deutsche Dichter 1989* (s. u.). Innerhalb der Epochen sind die Autoren nach ihren Geburtsjahren geordnet; für mittelalterliche Autoren gilt dies nur eingeschränkt. Die empfohlenen Werke der einzelnen Autoren sind nach dem Erscheinungsjahr gereiht.

Die Anzahl der empfohlenen Werke in den einzelnen Epochen bzw. Jahrhunderten zeigt Ihnen, daß ein deutlicher Schwerpunkt auf die Literatur des 20. Jahrhunderts gelegt wurde. Die Subjektivität der Auswahl wird dabei besonders bei den Literaturempfehlungen für die Zeit nach 1945 fühlbar: Wenn irgendwo, so haben Sie besonders in diesem neuesten Abschnitt der deutschen Literaturgeschichte freie und Ihren persönlichen Vorlieben entsprechende Wahl.

Wie können und sollten Studierende nun mit dieser Liste umgehen? Welche Rolle spielt sie in Studium und Prüfung? Zunächst und vor allem sollte die Lektüreliste zum Lesen anregen und Ihnen das Gefühl vermitteln, daß Sie sich mit diesem Kanon eine feste Basis für Ihre Prüfung erlesen haben. Nach der Lektüre der "Klassiker" können sich weitere Leseschwerpunkte nach persönlicher Interessenbildung anschließen. Mit Anregung zur Lektüre wird für Sie Orientierung in der Literaturgeschichte verbunden sein: Dazu können Ihnen die zur jeweiligen Lektüre gehörenden Abschnitte in einer Literaturgeschichte, aber auch das Gespräch mit den Lehrenden dienlich sein. Dieses Gespräch sollten Sie vor allem vor Zwischen- bzw. Abschlußprüfungen suchen und Ihre Prüferin/Ihren Prüfer über Ihren persönlichen Literaturkanon im Umfeld Ihrer literaturgeschichtlichen Prüfungsgebiete informieren. Dieser Aspekt ist nicht zu unterschätzen: Ein Prüfer bevorzugt das Gespräch mit dem Kandidaten über solche Werke, die dieser auch wirklich gelesen hat. Helfen Sie Ihrem Prüfer dabei!

Wie können Sie nun die empfohlenen Werke rezipieren? Der Normalfall dürfte die Lektüre einer Textausgabe sein, wobei eine kommentierte (bei älteren Texten) oder eine durch eine Übersetzung ergänzte Ausgabe (bei mittelalterlichen Werken) durchaus zu empfehlen ist. In Ihrem Privatexemplar sind (Bleistift-)Anstreichungen und Bemerkungen durchaus sinnvoll. In einem Bibliotheksexemplar ist solches Tun verwerflich! Verwenden Sie auch einige Sorgfalt auf die Wahl der Edition. Lesen sollten Sie aber den Originaltext (zumindest in Auswahl). Die Inhaltszusammenfassung in einem Roman- oder Dramenführer reicht auf keinen Fall aus. Gleichberechtigt neben der Lektüre steht die Aneignung der Texte durch eine Theater-, Film- oder Fernsehaufführung (bei Dramen), bei einer Lesung (auch in den Medien Rundfunk und Fernsehen). In Ausnahmefällen können Sie sich mit Ausschnitten, vor allem aus größeren Werken begnügen (vgl. die in Abschnitt 11 genannten Anthologien). Am Ende dieser Aneignung sollten Ihnen wesentliche Aspekte von Inhalt, Gehalt, (literatur)geschichtlicher Bedeutung sowie sprachlicher und ggf. metrisch-rhythmischer Form bekannt sein.

Lassen Sie sich vom Umfang der Liste nicht abschrecken, sondern lassen Sie sich Lust aufs Lesen machen. Und: wer ganz andere Werke lesen will als die nachfolgend genannten, wer die Grenzen seines engeren Fachgebietes (z. B. in Richtung auf Philosophie, Geschichte, Theologie, Rechtswissenschaft usw.) überschreiten möchte (Anregungen in den in Abschnitt 11 genannten Werken), wer sich seine eigene "andere Bibliothek" aufbauen will, der lasse sich durch diese Literaturliste nicht davon abhalten.

Bibliographische Hinweise zur Einleitung:

Deutsche Dichter 1989 = Deutsche Dichter. Leben und Werk deutschsprachiger Autoren (1989). Hrsg. von Gunter E. Grimm und Franz Rainer Max. Stuttgart: Reclam. - 8 Bände.

Segebrecht 1994 = Wulf Segebrecht (1994): Was sollen Germanisten lesen? Ein Vorschlag. Berlin: Erich Schmidt. (Dort weitere Vorschläge und Hinweise auf empfehlenswerte Textsammlungen.)

Leseliste 1994 = Sabine Griese u. a. (Hrsg., 1994): Die Leseliste. Kommentierte Empfehlungen. Stuttgart: Reclam. (Dort weitere Literatur zur theoretischen Auseinandersetzung mit Problemen der Kanonbildung.)

1 **Antike Literatur** (nach Gattungen geordnet)

1.1. Auszüge aus der Bibel:

»Altes Testament« (9.-2. Jh. v. Chr.) (in der Übersetzung LUTHERS):

> z. B. »Das erste Buch Mose (Genesis)« (9.-6. Jh. v. Chr.), »Das Buch Hiob« (um 500 v. Chr.), »Das Hohelied Salomos« (um 300 v. Chr.)

»Neues Testament« (meist 1. bis 2. Jh. n. Chr.) (in der Übersetzung LUTHERS)

> z. B. Bergpredigt und Gleichnisreden Jesu, Passionsgeschichte

1.2 Griechische und römische Literatur

Eine griechische Tragödie:

> z. B. SOPHOKLES (496-406 v. Chr.): »Antigone« (um 442 v. Chr.), »König Ödipus« (um 430 v. Chr.), EURIPIDES (485-406 v. Chr.): »Iphigenie in Aulis« (um 405 v.Chr.)

Eine griechische Komödie:

> z. B. ARISTOPHANES (ca. 445-385 v. Chr.): »Die Vögel« (414 v. Chr.), »Lysistrata« (411 v. Chr.)

Eine römische Komödie:

> z. B. PLAUTUS (um 250-184 v. Chr.): »Der glorreiche Hauptmann« (um 205 v. Chr.), TERENZ (2. Jh. v. Chr.): »Andria« (um 160 v. Chr.)

Ein antikes Epos:

> z. B. HOMER (8. Jh. v. Chr.): »Ilias« (2. H. 8. Jh. v. Chr.), »Odyssee« (um 700 v. Chr.), VERGIL: (70-19 v. Chr.) »Aeneis« (29 - 19 v. Chr.)

Aus der antiken Poetik:

> z. B. ARISTOTELES (384-322 v. Chr.): »Von der Dichtkunst« (nach 335 v. Chr.), HORAZ (65-8 v. Chr.): »Von der Dichtkunst« (um 14 v. Chr.)

2 Deutsches Mittelalter

2.1 Althochdeutsche Zeit (8.-10. Jahrhundert) (nach Denkmälern geordnet)

>Hildebrandslied« (um 830/40 aufgezeichnet, aber älter)
>Merseburger Zaubersprüche« (um 750)
>Wessobrunner Schöpfungshymnus« (um 770/790)
Aus OTFRID VON WEISSENBURG: »Evangelienbuch« (zwischen 863 und 871): z. B. Buch II, Kap. 8-10: "Die Hochzeit von Kana"

2.2 Frühmittelhochdeutsche Zeit (1050-1150) (nach Denkmälern geordnet)

>EZZOLIED« (um 1060)
NOKER: »Memento mori« (11. Jh.)

2.3 Mittelhochdeutsche Klassik (1150-1230) (nach Gattungen geordnet)

Auswahl aus dem Minnesang:
z. B. DER VON KÜRENBERG, HEINRICH VON MORUNGEN, WALTHER VON DER VOGELWEIDE, WOLFRAM VON ESCHENBACH, NEIDHART (alle zwischen 1150 und 1230)

Ein Artusroman:
z. B. HARTMANN VON AUE: »Erec« (um 1190), »Iwein« (um 1205, Ausz.)

Ein Gralroman:
z. B. WOLFRAM VON ESCHENBACH: »Parzival« (um 1200/1210, Ausz.)

Ein Tristanroman:
z. B. GOTTFRIED VON STRASSBURG: »Tristan« (um 1210, Ausz.)

Ein Heldenepos:
z. B. »Nibelungenlied« (um 1200, Ausz.)

Ein kleinepisches Werk:
z. B. HARTMANN VON AUE: »Der arme Heinrich«, »Gregorius« (Ende 12. Jh.)

2.4 Spätmittelhochdeutsche Zeit (1230-Ende 14. Jahrhundert) (nach Gattungen geordnet)

Auswahl aus dem nachklassischen Minnesang:

z. B. GOTTFRIED VON NEIFEN, MÖNCH VON SALZBURG, TANNHÄUSER

Beispiele kleinepischer Dichtungen:

z. B. »Moriz von Craûn« (Anfang 13. Jh.); WERNHER DER GARTENAERE: »Helmbrecht« (2. Hälfte 13. Jh.); Mären und Bîspeln des STRICKERS (1. Hälfte 13. Jh.); KONRAD VON WÜRZBURG: »Herzmaere« (2. Hälfte 13. Jh.); Ulrich BONER: »Edelstein« (Mitte 14. Jh., Fabeln)

Ein geistliches Spiel:

z. B. »Osterspiel von Muri« (um 1250); »Innsbrucker Osterspiel« (1391)

Ein Fastnachtsspiel:

z. B. aus der Sammlung von D. Wuttke (RUB 9415/19)

Beispiele aus mystischem Schrifttum:

z. B. MEISTER ECKHART (um 1260-1328): »Daz buoch der goetlichen troestunge« (1314)

2.5 Außerdeutsche Literatur des Mittelalters

»CARMINA BURANA / Lieder aus Benediktbeuren« (um 1225/30)

»GESTA ROMANORUM / Taten der Römer« (Kurzerzählungen, um 1300, Ausz.)

DANTE ALIGHIERI (1265-1321): »Die göttliche Komödie« (1307-21, Ausz.)

GIOVANNI BOCCACCIO (1313-1375): »Das Decamerone« (um 1350, Ausz.)

GEOFFREY CHAUCER (1343-1400): »Canterbury Tales« (um 1478, Ausz.)

3 **Frühe Neuzeit (15./16. Jahrhundert)** (ab hier nach Geburtsdatum und Entstehungs- oder Druckdatum geordnet)

3.1 Deutsche Literatur

OSWALD VON WOLKENSTEIN (ca. 1378-1445): Auswahl aus der Lyrik

Sebastian BRANT (1457-1521): »Das Narrenschiff« (1494, Ausz.)

Herman BOTE (um 1465-1520):
»Ein kurtzweilig Lesen von Dil Ulenspiegel« (1515, Ausz.)

Martin LUTHER (1483-1546):
Lieder und Fabeln (1530)
Auszüge aus der Bibelübersetzung (1522-1545)
»Sendbrief vom Dolmetschen« (1530)

Hans SACHS (1494-1576):
Auswahl aus Hans Sachs (RUB 7627, 9737/8):
z. B.»Die Wittembergisch Nachtigall« (1523)
»Der farendt Schuler im Paradeiss« (1550)

3.2 Außerdeutsche Literatur

Francesco PETRARCA (1304-1374):
»Il Canzoniere/Das Liederbuch« (entst. 1366, 1470 Erst-druck)

François RABELAIS (1494-1553):
»Gargantua und Pantagruel« (1532-1564, Ausz.)

Michel de MONTAIGNE (1533-1592):
»Essays« (1580-1595, Ausz.)

4   Barock

4.1 Deutsche Literatur

Martin OPITZ (1597-1639):
»Buch von der Deutschen Poeterey« (1624)

Andreas GRYPHIUS (1616-1664):
»Absurda Comica. Oder Herr Peter Squentz« (1658)
»Horribilicribrifax« (1663)

Hans Jacob Christoffel von GRIMMELSHAUSEN (um 1622-1676):
»Der Abentheurliche Simplicissimus Teutsch« (1669)

4.2 Außerdeutsche Literatur

William SHAKESPEARE (1564-1616):
»Ein Sommernachtstraum« (1593/94) (Übersetzung August Wilhelm SCHLEGEL)
»Hamlet« (1602/3) (Übers. A. W. Schlegel)

Pedro CALDERÓN DE LA BARCA (1600-1681):
»Das Leben ein Traum« (1635, Übersetzung August Wilhelm Schlegel)

Daniel DEFOE (1660-1731):
   »Robinson Crusoe« (1719/20)

Jonathan SWIFT (1667-1745):
   »Gullivers Reisen« (1726)

Jean-Baptiste MOLIÈRE (1622-1673):
   »Der Menschenfeind« (1666)
   »Der Geizige« (1668)

Pierre CORNEILLE (1606-1684):
   »Le Cid« (1636)

Jean DE LA FONTAINE (1621-1695):
   »Fabeln« (1668-1694, Ausz.)

5   Aufklärung

5.1   Deutsche Literatur

Johann Christoph GOTTSCHED (1700-1766):
   »Versuch einer Critischen Dichtkunst vor die Deutschen«
   (1730, Ausz.)

Johann Gottfried SCHNABEL (1692-nach 1750):
   »Die Insel Felsenburg« (1731-1743, Ausz.)

Gotthold Ephraim LESSING (1729-1781):
   »Briefe, die neueste Litteratur betreffend: 17. Literatur-
   brief« (1759)
   »Minna von Barnhelm« (1767)
   »Emilia Galotti« (1772)
   »Nathan der Weise« (1779)

5.2   Außerdeutsche Literatur

MONTESQUIEU, Charles-Louis de (1689-1755):
   »Persische Briefe« (1721, Ausz.)

VOLTAIRE (1694-1778):
   »Candide oder der Optimismus« (1759)

6   Sturm und Drang, Klassik

6.1   Deutsche Literatur

Johann Wolfgang von GOETHE (1749-1832):
>»Götz von Berlichingen mit der eisernen Hand« (1773/74)
>»Die Leiden des jungen Werthers« (1774)
>»Wilhelm Meisters theatralische Sendung« (1777/85) oder
>»Wilhelm Meisters Lehrjahre« (1795/96)
>»Iphigenie auf Tauris« (1787)
>»Faust. Der Tragödie erster Teil« (1808)
>»Die Wahlverwandtschaften« (1809)

Friedrich SCHILLER (1759-1805):
>»Die Räuber« (1781)
>»Kabale und Liebe« (1784)
>»Maria Stuart« (1801)

Friedrich HÖLDERLIN (1770-1843):
>»Hyperion oder der Eremit in Griechenland« (1797-1799)
>Auswahl aus der Lyrik

6.2   Außerdeutsche Literatur

Jean-Jacques ROUSSEAU (1712-1778):
>»Emile« (1762, Ausz.)
>»Bekenntnisse« (1782-1789, Ausz.)

Laurence STERNE (1713-1768):
>»Leben und Meinungen von Tristram Shandy, Gentleman« (1760-1767, Ausz.)

Pierre-Augustin Caron de BEAUMARCHAIS (1732-1799):
>»Figaros Hochzeit« (1783/84)

7   Romantik, Biedermeier, Vormärz

7.1   Deutsche Literatur

Ernst Theodor Amadeus HOFFMANN (1776-1822):
>»Das Fräulein von Scudéry« (1819)

Heinrich von KLEIST (1777-1811):
>»Das Erdbeben in Chili« (1807)
>»Die Marquise von O.« (1808)
>»Michael Kohlhaas« (1810)

»Über das Marionettentheater« (1810)
»Der zerbrochene Krug« (1811)

Jacob GRIMM (1785-1863) und Wilhelm GRIMM (1786-1859):
»Kinder- und Hausmärchen« (1812-1815)

Joseph von EICHENDORFF (1788-1857):
»Aus dem Leben eines Taugenichts« (1826)

Annette von DROSTE-HÜLSHOFF (1797-1848):
»Die Judenbuche« (1842)

Heinrich HEINE (1797-1856):
»Die Harzreise« (1826)
»Deutschland. Ein Wintermärchen« (1844)

Eduard MÖRIKE (1804-1875):
»Mozart auf der Reise nach Prag« (1856)

Georg BÜCHNER (1813-1837):
»Dantons Tod« (1835)
»Lenz« (1835)
»Woyzek« (1836/37)

7.2   Außerdeutsche Literatur

Honoré de BALZAC (1799-1850):
»Vater Goriot« (1834/35, Ausz.)

Emily Jane BRONTË (1818-1848):
»Sturmhöhe« (1847, Ausz.)

8   Realismus, Naturalismus

8.1   Deutsche Literatur

Theodor STORM (1817-1888):
»Immensee« (1850)
»Der Schimmelreiter« (1888)

Theodor FONTANE (1819-1898):
»Effi Briest« (1895)

Gottfried KELLER (1819-1890):
»Die Leute von Seldwyla« (1856/74)

Conrad Ferdinand MEYER (1825-1898):
»Das Amulett« (1873)

Gerhart HAUPTMANN (1862-1946):
»Bahnwärter Thiel« (1888)
»Die Weber« (1892)
»Der Biberpelz« (1893)
»Die Ratten« (1911)

Frank WEDEKIND (1864-1918):
»Frühlings Erwachen« (1891)

8.2 Außerdeutsche Literatur

Gustave FLAUBERT (1821-1880):
»Madame Bovary« (1857)

Fjodor DOSTOJEWSKI (1821-1881):
»Der Idiot« (1868)

Leo TOLSTOI (1828-1910):
»Krieg und Frieden« (1865/69)

Emile ZOLA (1840-1902):
»Germinal« (1885)

Charles BAUDELAIRE (1821-1867):
»Die Blumen des Bösen« (1857-1866)

August STRINDBERG (1849-1912):
»Fräulein Julie« (1889)
»Der Totentanz« (1900)

Henrik IBSEN (1828-1906):
»Gespenster« (1882)

Edgar Allan POE (1809-1849):
Detektivgeschichten, z. B. »Der Doppelmord in der Rue
Morgue« (1841)

9   Vom Beginn bis zur Mitte des 20. Jahrhunderts

9.1 Deutsche Literatur

Arthur SCHNITZLER (1862-1931):
»Reigen« (1900)
»Leutnant Gustl« (1901)

Heinrich MANN (1871-1950):
»Der Untertan« (1918)

Hugo von HOFMANNSTHAL (1874-1929):
»Ein Brief« (= Chandos-Brief) (1902)

»Der Rosenkavalier« (1910)
»Jedermann. Das Spiel vom Sterben des reichen Mannes« (1911)

Thomas MANN (1875-1955):
»Buddenbrooks« (1901)
»Der Tod in Venedig« (1913)
»Der Zauberberg« (1924)
»Mario und der Zauberer« (1930)
»Doktor Faustus« (1947)

Rainer Maria RILKE (1875-1926):
»Die Aufzeichnungen des Malte Laurids Brigge« (1910)
Auswahl aus der Lyrik

Hermann HESSE (1877-1962):
»Der Steppenwolf« (1927)

Alfred DÖBLIN (1878-1957):
»Berlin Alexanderplatz. Die Geschichte vom Franz Biberkopf« (1929)

Robert Musil (1880-1942):
»Die Verwirrungen des Zöglings Törleß« (1906)

Franz KAFKA (1883-1924):
»Das Urteil« (1913)
»Der Verschollene (Amerika)« (1913/1927)
»Die Verwandlung« (1916)

Bertolt BRECHT (1898-1956):
»Die Dreigroschenoper« (1929)
»Mutter Courage und ihre Kinder« (1941/1949)
»Der gute Mensch von Sezuan« (1943/1953)
»Leben des Galilei« (1943/1955)
»Kalendergeschichten« (1948)
»Der kaukasische Kreidekreis« (1948/1954)

Anna SEGHERS (1900-1983):
»Das siebte Kreuz« (1942)

Klaus MANN (1906-1949):
»Mephisto« (1936)

9.2 Außerdeutsche Literatur

George Bernard SHAW (1856-1950):
»Pygmalion« (1912)

Marcel PROUST (1871-1922):
»Auf der Suche nach der verlorenen Zeit (1: In Swanns Welt)« (1913)

James JOYCE (1882-1941):
»Ulysses« (1922, Ausz.)

Ernest HEMINGWAY (1899-1961):
»Wem die Stunde schlägt« (1940)
»Der alte Mann und das Meer« (1952)

10 Literatur nach dem Zweiten Weltkrieg

10.1 Bundesrepublik Deutschland, Österreich und Schweiz

Max FRISCH (1911-1991):
»Stiller« (1954)
»Biedermann und die Brandstifter« (1955/1958)
»Homo faber« (1957)
»Andorra« (1961)

Alfred ANDERSCH (1914-1980):
»Sansibar oder der letzte Grund« (1957)

Peter WEISS (1916-1982):
»Die Verfolgung und Ermordung Jean Paul Marats ...« (1964)

Heinrich BÖLL (1917-1985):
»Wanderer, kommst du nach Spa...« (1950)
»Ansichten eines Clowns« (1963)
»Die verlorene Ehre der Katharina Blum« (1974)

Friedrich DÜRRENMATT (1921-1990):
»Der Besuch der alten Dame« (1956)
»Die Physiker« (1962)

Erich FRIED (1921-1988):
Auswahl aus der Lyrik

Wolfgang BORCHERT (1921-1947):
»An diesem Dienstag...« (1947)
»Draußen vor der Tür« (1947)

Heinar KIPPHARDT (1922-1982):
>>In der Sache J. Robert Oppenheimer<< (1964)

Siegfried LENZ (geb. 1926):
>>Deutschstunde<< (1968)

Ingeborg BACHMANN (1926-1973):
>>Die gestundete Zeit<< (1953)
>>Das dreißigste Jahr<< (1961)

Martin WALSER (geb. 1927):
>>Ein fliehendes Pferd<< (1978)
>>Die Verteidigung der Kindheit<< (1991)

Günter GRASS (geb. 1927):
>>Die Blechtrommel<< (1959)

Hans Magnus ENZENSBERGER (geb. 1929):
>>Landessprache<< (1960, Gedichte)
>>Das Wasserzeichen der Poesie<< (1985, unter dem Pseudonym Andreas Thalmayr)

Rolf HOCHHUTH (geb. 1931):
>>Der Stellvertreter<< (1963)

Uwe JOHNSON (1934-1984):
>>Mutmaßungen über Jakob<< (1959)

Dieter KÜHN (geb. 1935):
>>Der Parzival des Wolfram von Eschenbach<< (1986)

Rolf Dieter BRINKMANN (1940-1975):
>>Westwärts 1 & 2. Gedichte<< (1975)
>>Rom, Blicke<< (1979 posthum)

Peter HANDKE (geb. 1942):
>>Kaspar<< (1968)

Franz Xaver KROETZ (geb. 1946):
>>Wildwechsel<< (1971)

Elfriede JELINEK (geb. 1946):
>>Lust<< (1989)

Patrick Süskind (geb. 1949):
>>Das Parfüm<< (1985)

10.2 Deutsche Demokratische Republik

Stefan HEYM (geb. 1913):
»Nachruf« (1988)

Johannes BOBROWSKI (1917-1965):
»Levins Mühle« (1964)

Franz FÜHMANN (1922-1984):
»Das Judenauto« (1962)

Erich LOEST (geb. 1926):
»Es geht seinen Gang oder Mühen in unserer Ebene«
(1978)

Christa WOLF (geb. 1929):
»Der geteilte Himmel« (1963)
»Nachdenken über Christa T.« (1968)
»Kassandra« (1983)

Reiner KUNZE (geb. 1933):
»Die wunderbaren Jahre« (1976)

Ulrich PLENZDORF (geb. 1934):
»Die neuen Leiden des jungen W.« (1972)

Wolf BIERMANN (geb. 1936):
»Die Drahtharfe. Balladen, Gedichte, Lieder« (1965)

Jurek BECKER (geb. 1937):
»Jakob der Lügner« (1970)

Volker BRAUN (geb. 1939):
»Hinze-Kunze-Roman« (1985)

Monika MARON (geb. 1941):
»Stille Zeile sechs« (1991)

Christoph HEIN (geb. 1944):
»Die Ritter der Tafelrunde« (1989)
»Der Tangospieler« (1989)

10.3 Außerdeutsche Literatur

George ORWELL (1903-1950):
»1984« (1949)

Pablo NERUDA (1904-1973):
»Der große Gesang« (1950)

Jean-Paul SARTRE (1905-1980):
»Die Fliegen« (1943)
»Geschlossene Gesellschaft« (1944)
»Die schmutzigen Hände« (1948)

Samuel BECKETT (1906-1989):
»Warten auf Godot« (1953)
»Endspiel« (1957)

Jean ANOUILH (1910-1987):
»Antigone« (1946)

Eugène IONESCO (1912-1994):
»Die kahle Sängerin« (1950)
»Die Unterrichtsstunde« (1951)

Albert CAMUS (1913-1960):
»Die Pest« (1947)

Arthur MILLER (geb. 1915):
»Tod eines Handlungsreisenden« (1949)

Alexander SOLSCHENIZYN (geb. 1918):
»Archipel Gulag« (1973-75, Ausz.)

Jerome David SALINGER (geb. 1919):
»Der Fänger im Roggen« (1951)

Andrzej SZCZYPIORSKI (geb. 1924):
»Die schöne Frau Seidenmann« (1986)

Gabriel García MÁRQUEZ (geb. 1928):
»Hundert Jahre Einsamkeit« (1967)

John OSBORNE (geb. 1929):
»Blick zurück im Zorn« (1956)

11   Anthologien zur deutschen Literatur

Deutsche Dichtung des Mittelalters (hrsg. von Michael Curschmann und Ingeborg Glier) (1987). Frankfurt: Fischer Taschenbuchverlag. (FTB 5488-5490). (Zuerst München: Hanser 1980) - 3 Bände.

Die deutsche Literatur. Texte und Zeugnisse (hrsg. von Walther Killy) (1965 ff., Nachdruck 1988). München: Beck. - 7 Bände.

Die deutsche Literatur. Ein Abriß in Text und Darstellung (hrsg. von Otto F. Best und Hans-Jürgen Schmitt) (^{2}1982 ff.). Stuttgart: Reclam (RUB 9601-9661) - 16 Bände.

Epochen der deutschen Lyrik (hrsg. von Walther Killy) (1978 ff.). München: Deutscher Taschenbuchverlag. (WR 4015-4024) - 9 Bände.

Deutsche Literatur des 16. Jahrhundert (hrsg. von Adalbert Elschenbroich) (1981). München: Hanser. - 2 Bände.

Gedichte der Romantik (hrsg. von Wolfgang Frühwald) (1984). Stuttgart: Reclam (RUB 8230).

Deutsche Lyrik. Gedichte seit 1945 (hrsg. von Horst Bingel) (1978). München: Deutscher Taschenbuchverlag (dtv. 1963).

Deutsche Gedichte 1930-1960 (hrsg. von Hans Bender) (1983). Stuttgart: Reclam (RUB 7914).

Deutsche Gedichte seit 1960 (hrsg. von Heinz Piontek) (1972). Stuttgart: Reclam (RUB 9401).

12   Kinder- und Jugendliteratur

Germanisten, die sich für den Lehrerberuf entscheiden wollen, müssen auch über Kenntnisse in Kinder- und Jugendliteratur verfügen. Hierbei genügen dunkle Reminiszenzen an frühe Leseerfahrungen nicht, ebensowenig die Beschäftigung mit den in der Liste "Anregungen" angeführten Originalen. Je nach Schulstufe des künftigen Lehrers wird die Auswahl der zu lesenden Werke eine andere sein. Ein Kanon der Kinder- und Jugendliteratur existiert m. W. bislang nicht (eine Ausnahme: Der Große Brockhaus, 16. Aufl., Band 6, S. 112; 17. Aufl., Band 9, S. 534 [veraltet]): dies liegt nicht zuletzt darin begründet, daß sie in großen Teilen relativ schnell veraltet, wie die Artikel "Kinder- und Jugendliteratur" und "Mädchenbücher" in MLL zeigen. Der folgende Versuch beschränkt sich auf die Benennung von deutschen und europäischen "Klassikern", wobei die Auswahl bei der Gegenwartsliteratur breiter wird. Eine gute Einführung zu deutschen Texten von Busch bis Janosch findet sich bei:

Hurrelmann, Bettina (1995): Klassiker der Kinder- und Jugendliteratur. Frankfurt: Fischer Taschenbuchverlag (FTB 12668).

Kinderbücher für das Vorschulalter und den Erstlesebereich sind wegen des begrenzten Raumes nicht aufgenommen.

Die angefügten Jahreszahlen nennen das Jahr der Entstehung; Hinweise auf deutsche Übersetzungen fremdsprachlicher Werke (nur bei einer zeitlichen Differenz) und Bearbeitungen schließen sich an. Die Lektüreliste wird ergänzt durch einige Sammelbände. Weiterführende Literatur vgl. Kapitel 6 "Basisliteratur", Abschnitt 3.17.

12.1 Klassiker der Kinder- und Jugendliteratur:

ÄSOP, PHÄDRUS, BABRIOS:
»Antike Fabeln«

»Tausendundeine Nacht« (8.-16. Jh., Ausz.):
z. B. Sindbad der Seefahrer, Aladin und die Wunderlampe,
Ali Baba und die vierzig Räuber

Miguel de CERVANTES (1547-1616):
»Don Quichote« (1605-15, dt. seit 1621, Ludwig Tieck
1799-1801)

Daniel DEFOE (1660-1731):
»Robinson Crusoe« (1719, dt. 1720)

Jonathan SWIFT (1667-1745):
»Gullivers Reisen« (1726, dt. 1727)

Jacob und Wilhelm GRIMM (1785-1863 bzw. 1786-1859):
»Kinder- und Hausmärchen« (1812-15, zahlreiche Bearb.)

James Fennimore COOPER (1789-1851):
»Der letzte Mohikaner« (1826)

Gustav SCHWAB (1792-1850):
»Die schönsten Sagen des klassischen Altertums« (1838-40)

Wilhelm HAUFF (1802-1827):
»Märchen« (1825-1827)

Hans Christian ANDERSEN (1805-1875):
»Märchen, für Kinder erzählt« (1835-1848, dt. seit 1839)

Heinrich HOFFMANN (1809-1894):
»Der Struwwelpeter« (1845)

Harriet BEECHER STOWE (1811-1896):
»Onkel Toms Hütte« (1852)

Charles DICKENS (1812-1870):
»Oliver Twist« (1838)

Edward LEAR (1812-1888):
»Nonsense-Verse« (1846, dt. 1964)

Hermann MELVILLE (1819-1891):
»Moby Dick« (1851, dt. 1927)

Carlo COLLODI (1826-1890):
»Pinocchios Abenteuer« (1883, dt. 1905)

Johanna SPYRI (1827-1901):
»Heidis Lehr- und Wanderjahre« (1880)

Jules VERNE (1828-1905):
»Reise um die Welt in 80 Tagen« (1873, dt. 1875)

Lewis CARROLL (1832-1898):
»Alices Abenteuer im Wunderland« (1865, dt. 1869)

Emmy von RHODEN (1832-1885):
»Der Trotzkopf« (1885)

Wilhelm BUSCH (1832-1908):
»Max und Moritz« (1850)

Mark TWAIN (1835-1910):
»Die Abenteuer des Tom Sawyer« (1876)
»Huckleberry Finns Abenteuer« (1884, dt. 1890)

Karl MAY (1842-1912):
»Winnetou I« (1876)

Frances Hodgson BURNETT (1849-1924):
»Der kleine Lord« (1886)

Robert Lewis STEVENSON (1850-1897):
»Die Schatzinsel« (1883, dt. 1887)

Selma LAGERLÖF (1858-1940):
»Die wunderbare Reise des kleinen Nils Holgersson mit den Wildgänsen« (1907)

James Matthew BARRIE (1860-1937):
»Peter Pan« (1904, dt. 1948))

Rudyard KIPLING (1865-1936):
»Die Dschungelbücher« (1895, dt. 1898)

Jack LONDON (1876-1916):
»Wolfsblut« (1906)

Alan A. MILNE (1882-1956):
»Pu der Bär« (1926, dt. 1928)

Antoine de SAINT-EXUPÉRY (1900-1944):
»Der kleine Prinz« (1943, dt. 1950)

12.2 Moderne deutsche und europäische Kinder- und Jugendliteratur:

Erich KÄSTNER (1899-1975):
»Emil und die Detektive« (1928)
»Das doppelte Lottchen« (1949)

Astrid LINDGREN (geb. 1907):
»Pippi Langstrumpf« (1945-48)
»Ronja Räubertochter« (1981)

Franz FÜHMANN (1922-1984):
»Die dampfenden Hälse der Pferde im Turm von Babel.
Ein Sachbuch der Sprachspiele« (1978)

Otfried PREUSSLER (geb. 1923):
»Die kleine Hexe« (1957)
»Räuber Hotzenplotz« (1962)

Josef GUGGENMOS (geb. 1922):
»Was denkt die Maus am Donnerstag?« (1971)

Michael ENDE (1929-1995):
»Momo« (1973)
»Die unendliche Geschichte« (1979)

James KRÜSS (geb. 1926):
»Der Urgroßvater und ich« (1959)

Peter HÄRTLING (geb. 1933):
»Oma« (1975)
»Ben liebt Anna« (1979)

Christine NÖSTLINGER (geb. 1936):
»Gretchen Sackmeyer« (1981-88)

Beispiele des Kindertheaters:
Stücke der Bühnen »Grips« (Berlin) und »Rote Grütze«
(Berlin)

Weitere moderne Autoren:
Achim BRÖGER, Willi FÄHRMANN, Klaus KORDON, Irina
KORSCHUNOW, Paul MAAR, Gudrun PAUSEWANG, Mirjam
PRESSLER u. a. m.

12.3 Sammelbände

Der Zauberkasten. Alte und neue Geschichten für Kinder (hrsg.
von Heinz-Jürgen Kliewer und Ursula Kliewer) (1992).
Stuttgart: Reclam.

Menschengeschichten. Geschichten, Bilder, Gedichte, Rätsel, Texte, Spiele, Szenen, Comics und anderes mehr (hrsg. von Hans-Joachim Gelberg) (1991). Weinheim: Beltz & Gelberg.

Daumesdick. Der neue Märchenschatz (hrsg. von Hans-Joachim Gelberg) (1990). Weinheim: Beltz & Gelberg.

Überall und neben dir. Gedichte für Kinder (hrsg. von Hans-Joachim Gelberg) (1989). Weinheim: Beltz & Gelberg.

Das große Ringelnatz-Kinderbuch. Berlin: Henssel 1989.

Kinder- und Jugendliteratur (1980 ff.): Aufklärung (1980, RUB 9992). - Mädchenliteratur. Vom 18. Jahrhundert bis zum Zweiten Weltkrieg (1994, RUB 8985). - Romantik (1984, RUB 8026). - Vom Biedermeier bis zum Realismus (1985, RUB 8087). - Von der Gründerzeit bis zum Ersten Weltkrieg (1994, RUB 9328). Stuttgart: Reclam.

Das große deutsche Märchenbuch (hrsg. von Helmut Brackert) (1979). Königstein: Athenäum.

Erich Kästner erzählt: Münchhausen - Gullivers Reisen - Till Eulenspiegel - Die Schildbürger - Don Quichote. München: Beltz 1975 u. ö.

6. Basisliteratur Literaturwissenschaft

Die folgende Liste enthält eine knappe Auswahl an Titeln für das literaturwissenschaftliche Studium. Einführende und grundlegende Werke
sind darin breiter vertreten. Im allgemeinen wird der neueren Literatur
der Vorzug gegeben, da von ihr aus ältere Werke leicht ermittelt werden
können. Auf ältere Standardwerke, die auch heute noch ihren Platz im
Studium haben, wurde jedoch nicht verzichtet. Wer weitere (und detailliertere) Literaturhinweise sucht, sei auf die Handbücher von Raabe (Nr.
19), Blinn (Nr. 20) und Hansel/Tschakert (Nr. 21) verwiesen.

Die Titel sind in den einzelnen Abschnitten chronologisch rückläufig
geordnet. Auf diese Weise werden auch solche Bücher, die in zweiter
oder höherer (zum Teil unveränderter) Auflage erschienen sind, eingeord-
net. Eine höhere Auflage bedeutet oft, daß es sich um ein Standardwerk
handelt. Das Jahr der ersten Auflage ist, sofern ermittelbar, genannt, denn
es sagt häufig auch etwas über den wissenschaftsgeschichtlichen Ort des
Werkes aus. In der Regel finden Sie jedoch den neuesten Forschungsstand
in den Veröffentlichungen der letzten Jahre. Die Angabe der Seitenzahlen
erfolgt in der Regel nur bei ein- oder zweibändigen Werken. Bei mehr-
bändigen Werken sind aus Raumgründen auch die Titel der einzelnen
Bände nicht aufgeführt. Querverweise innerhalb dieses Kapitels beziehen
sich, wie überhaupt in diesem Buch, auf die Zählung am linken Rand.

Wo es möglich und sinnvoll war, habe ich die gebräuchlichen Abkürzungen von Standardwerken und von Zeitschriften am Ende des Titels in
eckigen Klammern beigefügt (nach: Leistner, Otto [1990]: Internationale
Titelabkürzungen [...]. 4., erw. Aufl. Osnabrück: Biblio). Abkürzungen
von Zeitschriften können Sie in dieser Form in Ihren Seminararbeiten verwenden; Abkürzungen von Monographien sollten Sie im Literaturverzeichnis auflösen. Kurzformen dienen der schnellen Verständigung im Seminar und erleichtern das Mitschreiben von Literaturangaben, so daß es
sich lohnt, sie sich einzuprägen.

Am Ende des Kapitels finden Sie einen Vorschlag für eine private
Handbibliothek, bei deren Auswahl auch finanzielle Überlegungen eine
Rolle gespielt haben, und einen Hinweis auf solche Werke, die zum unab-
dingbaren Handwerkszeug des Germanisten gehören. Diese **Bibliothek
des täglichen Bedarfs** sollten Sie gut kennen und regelmäßig benutzen.

Übersicht:

1 ALLGEMEINE UND GERMANISTISCHE LITERATURWISSENSCHAFT: ALLGEMEINES, HILFSMITTEL, TERMINOLOGIE, BIBLIOGRAPHIE, ZEITSCHRIFTEN

1.1 Allgemeines

1 Beyer, Heinz-Jürgen (1995): Studienführer Sprach- und Literaturwissenschaften. Germanistik, Anglistik, Romanistik, Slavistik, Skandinavistik, allgemeine und vergleichende Literaturwissenschaft, Informationswissenschaft, Übersetzen und Dolmetschen. 2., aktualis. Aufl. München: Lexikaverlag. - 198 S. - 1. Aufl. 1987.

2 Gutzen, Dieter / Schomaker, Friederike (1992): Germanistik in Deutschland. Studienführer. Bonn: DAAD. (DAAD-Studienführer) - 249 S.

3 Günther, Andrea (1992): Studium der Germanistik. Alles Wissenswerte zum Studium, Aktuelles zum Arbeitsmarkt. Köln: Rutsker. - 124 S.

4 Griesheimer, Frank / Prinz, Alois (Hrsg., 1991): Wozu Literaturwissenschaft? Kritik und Perspektiven. Tübingen: Francke. (UTB. 1640) - 413 S.

5 Härle, Gerhard / Meyer, Uwe (1990): Studienführer Germanistik. München: Lexikaverlag. - 277 S.

1.2 Hilfsmittel

6 Kürschner, Wilfried (1994): Taschenbuch Linguistik. Ein Studienbegleiter für Germanisten. Berlin: Erich Schmidt. - 111 S.

7 Meyer-Krentler, Eckhardt (1994): Arbeitstechniken Literaturwissenschaft. 4. Aufl. München: Fink. (UTB. 1582) - 143 S. - 1. Aufl. 1990.

8 Standop, Ewald (1994): Die Form der wissenschaftlichen Arbeit. 14., vollst. neu bearb. und erw. Aufl. von Matthias L. G. Meyer. Heidelberg: Quelle & Meyer. (UTB. 272) - XIII, 213 S. - 1. Aufl. 1955.

9 Sesink, Werner (1994): Einführung in das wissenschaftliche Arbeiten. Ohne und mit PC. 2., völlig überarb. und aktualis.

Aufl. München: Oldenbourg. - IX, 284 S. - 1. Aufl. 1990.

10   Faulstich, Werner / Ludwig, Hans-Werner (1993): Arbeitstechniken für Studenten der Literaturwissenschaft. 4., [gegenüber der 3. Aufl.] unveränd. Aufl. Tübingen: Narr. (Literaturwissenschaft im Grundstudium. Sonderband) - 115 S. - 1. Aufl. 1978.

11   Eco, Umberto (1993): Wie man eine wissenschaftliche Abschlußarbeit schreibt. Doktor-, Diplom- und Magisterarbeit in den Geistes- und Sozialwissenschaften. 6., durchges. Aufl. Heidelberg: Müller. (UTB. 1512) - XVII, 271 S. - 1. Aufl. der dt. Übersetzung 1988.

12   Binder, Alwin u. a. (1991): Einführung in Techniken literaturwissenschaftlichen Arbeitens. 8. Aufl. Königstein: Scriptor. (Monographien Literaturwissenschaft. 8) - 132 S. - 1. Aufl. 1974.

13   Rothmann, Kurt (1991): Anleitung zur Abfassung literaturwissenschaftlicher Arbeiten. Neu bearb. Ausg. Stuttgart: Reclam. (RUB. 9504: Arbeitstexte für den Unterricht) - 99 S. - 1. Aufl. 1973.

14   Bangen, Georg (1990): Die schriftliche Form germanistischer Arbeiten. Empfehlungen für die Anlage und die äußere Gestaltung wissenschaftlicher Manuskripte unter besonderer Berücksichtigung der Titelangaben von Schrifttum. 9., durchges. Aufl. Stuttgart: Metzler. (Sammlung Metzler. 13) - XIV, 94 S. - 1. Aufl. 1962.

15   Poenicke, Klaus (1989): Duden - Die schriftliche Arbeit. Materialsammlung und Manuskriptgestaltung für Fach-, Seminar- und Abschlußarbeiten an Schule und Universität. Mit vielen Beispielen. 2. Aufl. Mannheim: Dudenverlag. - 32 S. - 1. Aufl. 1985.

16   Poenicke, Klaus (1988): Duden - Wie verfaßt man wissenschaftliche Arbeiten? Ein Leitfaden vom ersten Studiensemester bis zur Promotion. 2., neu bearb. Aufl. Mannheim: Dudenverlag. (Duden Taschenbücher. 21) - 216 S. - 1. Aufl. 1977.

1.3   Terminologie der Literaturwissenschaft

17   Lorenz, Otto (1992): Kleines Lexikon literarischer Grundbegriffe. München: Fink. (UTB. 1662) - 119 S.

18   Ruttkowski, Wolfgang Victor (1980): Nomenclator litterarius. Bern: Francke. - 548 S. - In deutscher, engl., franz., ital., niederländ., span. und russ. Sprache. - 1. Aufl. 1969.

1.4   Fachbibliographien zur Literaturwissenschaft

1.4.1   Einführungen in die Bibliographie und Bücherkunde

19   Raabe, Paul (1994): Einführung in die Bücherkunde zur deutschen Literaturwissenschaft. 11., völlig neu bearb. Aufl. Stuttgart: Metzler. (Sammlung Metzler. 1) - X, 122 S. - 1. Aufl. 1961.

20   Blinn, Hansjürgen (1994): Informationshandbuch Deutsche Literaturwissenschaft. 3., neu bearb. und erw. Ausg. Frankfurt a. M: Fischer Taschenbuchverlag. (Fischer Informationshandbücher. 12588) - 490 S. - 1. Ausg. 1982.

21   Hansel, Johannes (1991): Bücherkunde für Germanisten. Studienausgabe. 9., neu bearb. Aufl. von Lydia Tschakert. Berlin: Erich Schmidt. - 232 S. - 1. Aufl. 1961.

22   Heidtmann, Frank / Ulrich, Paul S. (1988): Wie finde ich film- und theaterwissenschaftliche Literatur? 2., völlig überarb. Aufl. Berlin: Berlin-Verlag (Orientierungshilfen. 11) - 428 S. - 1. Aufl. 1978.

23   Paschek, Carl (1986): Praxis der Literaturermittlung Germanistik. 2 Bände. Bern: Lang (Germanistische Lehrbuchsammlung. 48) - 152; 268 S.

24   Dankert, Birgit / Kollra, Ursula (1980): Wie finde ich Literatur zur Kinder- und Jugendliteratur? Bibliographie. 2. Aufl. München: Arbeitskreis für Jugendliteratur. - 41 S. - 1. Aufl. 1978.

25   Heidtmann, Fred / Fertig, Eymar / Ulrich, Paul S. (1979): Wie finde ich Literatur zur deutschen Literatur? Berlin: Berlin-Verlag. (Orientierungshilfen. 9) - 242 S.

1.4.2   Abgeschlossene Fachbibliographien

26   Jacob, Herbert (Bearb., 1995 ff.): Deutsches Schriftstellerlexikon 1830-1880. Goedekes Grundriß zur Geschichte der deutschen Dichtung. Fortführung. Bisher: Band 1: A-B. Berlin: Akademie-Verlag. - 714 S. (Ersetzt Nr. 33).

27 Schmidt, Heiner (1994 ff.): Quellenlexikon zur deutschen Literaturgeschichte: Personal- und Einzelwerkbibliographien der internationalen Sekundärliteratur 1945 - 1990 zur deutschen Literatur von den Anfängen bis zur Gegenwart. 3., überarb., wesentl. erw. und auf den neuesten Stand gebrachte Aufl. Duisburg: Verlag für Pädagogische Dokumentation. Bisher (1994): Band 1: A-Bau. - Bis zur 2. Aufl. unter dem Titel: Quellenlexikon der Interpretationen und Textanalysen. 2., [gegenüber der 1. Aufl. von 1984] unveränd. Aufl. 1985 in 8 Bänden. 4 Bände Nachträge 1987.

28 Wilpert, Gero von / Gühring, Adolf (1992): Erstausgaben deutscher Dichtung. Eine Bibliographie zur deutschen Literatur 1600-1990. 2., vollst. überarb. Aufl. Stuttgart: Kröner. - XIX, 1724 S. - 1. Aufl. 1967.

29 Roloff, Hans-Gert (Hrsg., 1978 ff.): Die deutsche Literatur. Biographisches und bibliographisches Lexikon in 6 Reihen. Bern: Lang.

Reihe 1: Die deutsche Literatur von den Anfängen bis 1450 (geplant).

Reihe 2: Die deutsche Literatur zwischen 1450 und 1620 (1978 ff.). Bisher Band 1/2: A-Am.

Reihe 3: Die deutsche Literatur zwischen 1620 und 1720 (1987 ff.).

Reihe 4: Die deutsche Literatur zwischen 1720 und 1830 (geplant).

Reihe 5: Die deutsche Literatur zwischen 1830 und 1890 (geplant).

Reihe 6: Die deutsche Literatur von 1890 bis 1990 (1991 ff.).

Jede Reihe ist gegliedert in zwei Abteilungen: A = Autorenlexikon (alphabetisch); B = Forschungsliteratur (systematisch). Erscheint in Lieferungen. Bisher begonnen: Reihe 2: Abt. A und B, Reihe 3: Abt. B, Reihe 6: Abt. A.

30 Köttelwesch, Clemens (Hrsg., 1973-1979): Bibliographisches Handbuch der deutschen Literaturwissenschaft. 3 Bände. Band 1: Von den Anfängen bis zur Romantik (1973); Band 2: 1830 bis zur Gegenwart (1976); Band 3: Register (1979). Frankfurt a. M.: Klostermann.

31 Hirschberg, Leopold (1990): Der Taschengoedeke. Bibliographie deutscher Erstausgaben. 2. Aufl. der verb. Ausg. 1970

des Neudrucks von 1961. München: Deutscher Taschenbuchverlag. (dtv. 3026) - 611 S. - 1. Aufl. 1924.

32   Albrecht, Günter / Dahlke, Günther (Hrsg., 1969-77): Internationale Bibliographie zur Geschichte der deutschen Literatur
von den Anfängen bis zur Gegenwart. 4 Bände. Berlin:
Volk und Wissen. Auch: München: Verlag Dokumentation (1970-84).

33   Goedekes Grundriß zur Geschichte der deutschen Dichtung. Neue
Folge. Fortführung von 1830 bis 1880 (1962 ff.). Hrsg.
von der Deutschen Akademie der Wissenschaften zu Berlin. Bisher: Band 1: Aar - Ayßlinger. Berlin: Akademie-
Verlag. - Nachdruck. Nendeln: Kraus 1975. (Wird ersetzt
durch Deutsches Schriftstellerlexikon, Nr. 26).

34   Goedeke, Karl (1884-1991): Grundriß zur Geschichte der deutschen Dichtung aus den Quellen. 2. bzw. 3., ganz neu bearb. Aufl. Band 1-17. Dresden: Ehlermann. Ab Band 14
Berlin: Akademie-Verlag. Nachdruck von Band 1-15
Nendeln: Kraus 1975. - Index dazu von Rambaldo, Hartmut. Nendeln: Kraus 1975. - 393 S. [**Goedeke Grundriß**]

1.4.3   Laufende Fachbibliographien und Referatenorgane

35   Arbitrium. Rezensionen zur germanistischen Literaturwissenschaft.
München, später Tübingen: Niemeyer. - Zuerst 1983 für
dieses Berichtsjahr.

36   Bibliographie der deutschen Sprach- und Literaturwissenschaft.
Frankfurt a. M.: Klostermann. - Zuerst 1970 für das Be-
richtsjahr 1969. Fortsetzung von Nr. 38 mit Band 9 in
Jahresbänden. [**BDSL**]

37   Germanistik. Internationales Referatenorgan mit bibliographischen
Hinweisen. Tübingen: Niemeyer. - Zuerst 1960 für dieses
Berichtsjahr. [**Germanistik**]

38   Eppelsheimer, Hanns W. (Hrsg., 1957-1969): Bibliographie der
deutschen Literaturwissenschaft. Band 1 (für den Berichts-
zeitraum 1945-1953) bearb. von Hanns W. Eppelsheimer;
Bände 2-8 (jeweils Zweijahresbände für den Berichtszeit-
raum 1954-1968) bearb. von Clemens Köttelwesch.
Frankfurt a. M.: Klostermann. [**Eppelsheimer** oder
Köttelwesch]

1.5 Fachzeitschriften (deutsche, mit einer Auswahl ausländischer) (alphabetisch)

1.5.1 Allgemeine literaturwissenschaftliche Zeitschriften

39   Arcadia. Zeitschrift für vergleichende Literaturwissenschaft. [**Arc** oder **Arcadia**]

40   Archiv für das Studium der neueren Sprachen und Literaturen. [**ASSL**]

41   Editio. Internationales Jahrbuch für Editionswissenschaft. Ab 1991 Beihefte. [**Editio**]

42   Euphorion. Zeitschrift für Literaturgeschichte. [**Euph**]

43   Germanisch-Romanische Monatsschrift. [**GRM**]

44   LiLi. Zeitschrift für Literaturwissenschaft und Linguistik. [**LiLi**]

45   Literatur für Leser: Zeitschrift für Interpretationspraxis und geschichtliche Texterkenntnis.

46   Neophilologus. An international journal devoted to the study of modern and mediaeval language and literature. [**Neoph**]

47   Poetica. Zeitschrift für Sprach- und Literaturwissenschaft. [**Poet**]

48   PMLA. Publications of the Modern Language Association of America. [**PMLA**]

49   Revue de Littérature Comparée. [**RLC**]

50   Rhetorik. Ein internationales Jahrbuch. [**Rhetorik**]

51   Weimarer Beiträge. Zeitschrift für Literaturwissenschaft, Ästhetik und Kulturwissenschaften. [**WB**]

1.5.2 Germanistische literaturwissenschaftliche Zeitschriften

52   Amsterdamer Beiträge zur Älteren Germanistik. [**ABÄG**]

53   Amsterdamer Beiträge zur Neueren Germanistik. [**ABNG**]

54   Beiträge zur Erforschung der deutschen Sprache. Leipzig, 1981-1991. Fortsetzung von PBB/Halle (s. u.); aufgegangen in PBB/Tübingen.

55   Beiträge zur Geschichte der deutschen Sprache und Literatur. Begr. von Paul, Hermann und Braune, Wilhelm [Paul und Braunes Beiträge = **PBB**]. Ab 1957 vorübergehend in zwei Ausgaben: Ausgabe Halle 1957 - 1980 (Erscheinen eingestellt) [PBB/Halle]; Ausgabe Tübingen 1957 ff. [PBB/Tübingen].

56   Daphnis. Zeitschrift für Mittlere Deutsche Literatur. [**Daphn**]

57   Deutsche Vierteljahrsschrift für Literaturwissenschaft und Geistes-
      geschichte. [**DVS** oder **DVjS** oder **DVLG**]
58   Études Germaniques. Revue Trimestrielle de la Société des Études
      Germaniques. [**EG**]
59   German Life and Letters. A quarterly review. [**GLL**]
60   Internationales Archiv für Sozialgeschichte der deutschen Literatur.
      [**IASL**]
61   Jahrbuch für Internationale Germanistik. [**JbiG**]
62   Oxford German Studies. [**OGS**]
63   Wirkendes Wort. Deutsche Sprache und Literatur in Forschung und
      Lehre. [**WW**]
64   Zeitschrift für deutsches Altertum und deutsche Literatur. [**ZDA**
      oder **ZfdA**]
65   Zeitschrift für deutsche Philologie. [**ZDP** oder **ZfdPh**]
66   Zeitschrift für Germanistik. [**ZfG**]

1.5.3   *Literaturdidaktische Zeitschriften*

67   Der Deutschunterricht. Beiträge zu seiner Praxis und wissenschaft-
      lichen Grundlegung (früher: Stuttgart, jetzt: Seelze).
      [**DU/Stuttgart** bzw. früher DU/West]
68   Deutschunterricht (Berlin). [**DU/Berlin** bzw. früher DU/Ost]
69   Diskussion Deutsch. Zeitschrift für Deutschlehrerinnen und
      Deutschlehrer aller Schulformen in Ausbildung und Pra-
      xis. [**DD**]
70   ide. Informationen zur Deutschdidaktik. Zeitschrift für den
      Deutschunterricht in Wissenschaft und Schule. [**ide**]
71   Literatur in Wissenschaft und Unterricht. [**LWU**]
72   Monatshefte für deutschen Unterricht, deutsche Sprache und Lite-
      ratur. [**MDU**]
73   Praxis Deutsch. Zeitschrift für den Deutschunterricht. [**PD**]

1.5.4   *Literarische, literatur- und theaterkritische Zeitschriften*

74   Akzente. Zeitschrift für Literatur. [**Akz**]
75   Die Horen. Zeitschrift für Literatur, Kunst und Kritik. [**Horen**]
76   Kursbuch.
77   Merkur. Deutsche Zeitschrift für europäisches Denken.
78   Neue Deutsche Literatur. Monatsschrift für deutschsprachige Lite-
      ratur und Kritik. [**NDL**]
79   Neue Rundschau. [**NR**]

80   Sinn und Form. Beiträge zur Literatur. **[SF]**
81   Text und Kritik. Zeitschrift für Literatur. **[TK]**
82   Theater heute. Die deutsche Theaterzeitschrift.

1.5.5   Zeitschriften zur Kinder- und Jugendliteratur

83   Jugendbuchmagazin.
84   Jugendliteratur. Zeitschrift des Schweizerischen Bundes für Jugendliteratur.

2   ALLGEMEINE LITERATURWISSENSCHAFT

2.1   Einführungen, Methodenlehre, Literaturtheorie

85   Zima, Peter V. (1995): Literarische Ästhetik. Methoden und Modelle der Literaturwissenschaft. 2., unveränd. Aufl. Tübingen: Francke. (UTB. 1590) - XI, 439 S. - 1. Aufl. 1991.
86   Schulte-Sasse, Jochen / Werner, Renate (1994): Einführung in die Literaturwissenschaft 8., [gegenüber der 1. Aufl.] unveränd. Aufl. München: Fink. (UTB. 640) - 245 S. - 1. Aufl. 1977.
87   Eagleton, Terry (1994): Einführung in die Literaturtheorie. 3. Aufl. Stuttgart: Metzler. - VII, 230 S. - 1. Aufl. 1988.
88   Weimar, Klaus (1993): Enzyklopädie der Literaturwissenschaft. 2., unveränd. Aufl. Tübingen: Francke. (UTB. 1034) - 231 S. - 1. Aufl. 1980.
89   Funkkolleg Literarische Moderne. Europäische Literatur im 19. und 20. Jahrhundert. Studienbriefe. Tübingen: Deutsches Institut für Fernstudien 1993/94. (Demnächst als Taschenbuch).
90   Maren-Grisebach, Manon (1992): Methoden der Literaturwissenschaft. 10., unveränd. Aufl. Tübingen: Francke. (UTB. 121) - 143 S. - 1. Aufl. 1970.
91   Kayser, Wolfgang (1992): Das sprachliche Kunstwerk. Eine Einführung in die Literaturwissenschaft. 20. Aufl. Tübingen: Francke. - 460 S. - 1. Aufl. 1948.

92 Brackert, Helmut / Stückrath, Jörn (Hrsg., 1992): Literaturwissenschaft. Ein Grundkurs. Reinbek: Rowohlt. (rororo enzyklopädie. 523) - 727 S.

93 Fricke, Harald / Zymner, Rüdiger (1991): Einübung in die Literaturwissenschaft. Parodieren geht über Studieren. Paderborn: Schöningh. (UTB. 1616) - 292 S.

94 Bogdal, Klaus-Michael (Hrsg., 1990): Neue Literaturtheorien. Eine Einführung. Opladen: Westdeutscher Verlag. (WV studium. 156) - 272 S.

95 Strelka, Joseph P. (1989): Einführung in die literarische Textanalyse. Tübingen: Francke. (UTB. 1508) - XI, 168 S.

96 Arnold, Heinz Ludwig / Sinemus Volker (Hrsg., 1975): Grundzüge der Literatur- und Sprachwissenschaft. 3., unveränd. Aufl. Band 1: Literaturwissenschaft. München: Deutscher Taschenbuchverlag. (dtv-Wissenschaftliche Reihe. 4226) - 567 S. - 1. Aufl. 1973.

97 Wellek, René / Warren, Austin (1942, dt. 1959): Theorie der Literatur. Neuaufl. 1985. Weinheim: Beltz Athenäum. (AT 2005) - 406 S.

2.2 Vergleichende Literaturwissenschaft

98 Zima, Peter V. (1992): Komparatistik. Einführung in die vergleichende Literaturwissenschaft. Tübingen: Francke. (UTB. 1705) - XI, 354 S.

99 Konstantinović, Zoran (1988): Vergleichende Literaturwissenschaft. Bestandsaufnahme und Ausblicke. Bern: Lang. (Germanistische Lehrbuchsammlung. 81) - 206 S.

100 Rüdiger, Horst (Hrsg., 1973): Komparatistik. Aufgaben und Methoden. Stuttgart: Kohlhammer. (Sprache und Literatur 85) - 165 S.

2.3 Literaturkritik / Literarische Wertung

101 Mosbacher, Helga (1993): Lesen lernen. Kleines ABC der Literaturkritik. Weinheim: Beltz Athenäum. (Studienbuch Literaturwissenschaft) - 198 S.

102 Görtz, Franz Josef / Ueding, Gert (Hrsg., 1985): Gründlich ver-
stehen. Literaturkritik heute. Frankfurt a. M.: Suhrkamp.
(Suhrkamp Taschenbuch. 1152) - 162 S.

102 Richards, Ivor Armstrong (1985): Prinzipien der Literaturkritik.
Frankfurt a. M.: Suhrkamp. (Suhrkamp Taschenbuch
Wissenschaft. 484) - 348 S.

104 Hohendahl, Peter Uwe (Hrsg., 1985): Geschichte der deutschen Literaturkritik. 1730-1980. Stuttgart: Metzler. - VI, 375 S.

105 Gebhardt, Peter (Hrsg., 1980): Literaturkritik und literarische
Wertung. Darmstadt: Wissenschaftliche Buchgesellschaft.
(Wege der Forschung. 334) - VI, 488 S.

2.4   Literatursoziologie

106 Dörner, Andreas / Vogt, Ludgera (1994): Literatursoziologie. Literatur, Gesellschaft, politische Kultur. Opladen: Westdeutscher Verlag. (WV studium. 170) - 304 S.

107 Zima, Peter V. (1980): Textsoziologie. Eine kritische Einführung.
Stuttgart: Metzler. (Sammlung Metzler. 190) - VI, 192 S.

108 Link, Jürgen / Link-Heer, Ursula (1980): Literatursoziologisches
Propädeutikum. München: Fink. (UTB. 799) - 565 S.

109 Fügen, Hans Norbert (1974): Die Hauptrichtungen der Literatursoziologie und ihre Methoden. Ein Beitrag zur literatur-
soziologischen Theorie. 6., erw. Aufl. Bonn: Bouvier.
(Abh. zur Kunst-, Musik- und Literaturwissenschaft. 21) -
XXII, 215 S. - 1. Aufl. 1964.

2.5   Literaturpsychologie

110 Schönau, Walter (1991): Einführung in die psychoanalytische Literaturwissenschaft. Stuttgart: Metzler. (Sammlung Metzler.
259) - X, 235 S.

111 Reh, Albert M. (1986): Literatur und Psychologie. Bern: Lang.
(Germanistische Lehrbuchsammlung. 72) - 244 S.

112 Langner, Ralph (Hrsg., 1986): Psychologie der Literatur. Theo-
rien, Methoden, Ergebnisse. Weinheim: Psychologie-
Verlagsunion. - 245 S.

113 Matt, Peter von (1972): Literaturwissenschaft und Psychoanalyse. Eine Einführung. Freiburg: Rombach. (Rombach-Hochschul-Paperback. 44) - 114 S.

2.6 Literaturrezeption

114 Reese, Walter (1980): Literarische Rezeption. Stuttgart: Metzler. (Sammlung Metzler. 194) - VI, 96 S.

115 Link, Hannelore (1980): Rezeptionsforschung. Eine Einführung in Methoden und Probleme. 2. Aufl. Stuttgart: Kohlhammer (Urban-Taschenbücher. 215) - 182 S. - 1. Aufl. 1976.

116 Grimm, Gunter (1977): Rezeptionsgeschichte. Grundlegung einer Theorie. Mit Analysen und Bibliographie. München: Fink. (UTB. 691) - 446 S.

2.7 Gattungspoetik

2.7.1 Allgemeines

117 Hamburger, Käte (1994): Die Logik der Dichtung. 4. Aufl. Stuttgart: Klett-Cotta. - 273 S. - 1. Aufl. 1957. (Taschenbuchausgabe: dtv. 4458).

118 Knörrich, Otto (Hrsg., 1991): Formen der Literatur in Einzeldarstellungen. 2., aktualis. Aufl. Stuttgart: Kröner. (Kröners Taschenausgabe. 478) - VIII, 450 S. - 1. Aufl. 1981.

119 Braak, Ivo (1990): Poetik in Stichworten. Literaturwissenschaftliche Grundbegriffe. Eine Einführung. 7., überarb. und erw. Aufl. von Martin Neubauer. Zug: Hirt. (Hirts Stichwortbücher) - 350 S. - 1. Aufl. 1965.

2.7.2 Epik

120 Stanzel, Franz K. (1995): Theorie des Erzählens. 6., [gegenüber der 4., durchges. Aufl.] unveränd. Aufl. Göttingen: Vandenhoeck & Ruprecht. (UTB. 904) - 339 S. - 1. Aufl. 1979.

121 Stanzel, Franz K. (1993): Typische Formen des Romans. 12. Aufl. Göttingen: Vandenhoeck & Ruprecht (Kleine Vandenhoeck-Reihe. 1187) - 80 S. - 1. Aufl. 1964.

122 Lämmert, Eberhard (1993): Bauformen des Erzählens. 8.,
      [gegenüber der 2., durchges. Aufl.] unveränd. Aufl.
      Stuttgart: Metzler. - 300 S. - 1. Aufl. 1955.

2.7.3   Lyrik

123 Grimm, Reinhold (Hrsg., 1987): Zur Lyrik-Diskussion. 3. Aufl.
      Darmstadt: Wissenschaftliche Buchgesellschaft. (Wege
      der Forschung. 111) - X, 546 S. - 1. Aufl. 1966.
124 Killy, Walther (1978): Wandlungen des lyrischen Bildes. 7. Aufl.
      Göttingen: Vandenhoeck & Ruprecht. (Kleine Vanden-
      hoeck-Reihe. 1022) - 160 S. - 1. Aufl. 1956.

2.7.4   Dramatik

125 Platz-Waury, Elke (1994): Drama und Theater. Eine Einführung.
      4. Aufl. Tübingen: Narr. (Literaturwissenschaft im
      Grundstudium. 2) - 231 S. - 1. Aufl. 1978.
126 Pfister, Manfred (1994): Das Drama. Theorie und Analyse. 8.,
      erw. und [gegenüber der 5. Aufl. 1988] bibliographisch
      aktualis. Aufl. München: Fink. (UTB. 580) - 454 S. - 1.
      Aufl. 1977.
127 Klotz, Volker (1992): Geschlossene und offene Form im Drama.
      13., seit der 4. Aufl. 1969 unveränd. Aufl. München:
      Hanser. (Literatur als Kunst) - 264 S. - 1. Aufl. 1960.
128 Greiner, Norbert u. a. (1982): Einführung ins Drama. Handlung,
      Figur, Szene, Zuschauer. 2 Bände. München: Hanser. -
      (Hanser Literaturkommentare. 20) - 190; 222 S.

2.8   Rhetorik

129 Ottmers, Clemens / Rather, Ute (1995): Rhetorik. Stuttgart: Metz-
      ler. (Sammlung Metzler. 283) - In Vb., ca. 220 S.
130 Ueding, Gert (1995): Klassische Rhetorik. München: Beck.
      (Becksche Reihe. 2000) - 125 S.
131 Ueding, Gert / Steinbrink, Bernd (1994): Grundriß der Rhetorik.
      Geschichte, Technik, Methode. 3., überarb. und erw.
      Aufl. Stuttgart: Metzler. - X, 395 S. - 1. Aufl. 1976.
132 Ueding, Gert (Hrsg., 1992 ff.): Historisches Wörterbuch der
      Rhetorik. [Geplant:] 8 Bände. Bis 1994: Band 1-2 (bis:

Eulogy) Tübingen: Niemeyer, Darmstadt: Wissenschaftliche Buchgesellschaft.

133   Ueding, Gert (1991): Rhetorik des Schreibens. 3., erg. und überarb. Aufl. Weinheim: Beltz Athenäum. (Studienbuch Literaturwissenschaft) - 151 S. - 1. Aufl. 1985.

134   Göttert, Karl-Heinz (1994): Einführung in die Rhetorik. Grundbegriffe, Geschichte, Rezeption. 2., verb. Aufl. München: Fink. (UTB. 1599) - 238 S. - 1. Aufl. 1991.

135   Lausberg, Heinrich (1990): Handbuch der literarischen Rhetorik. Eine Grundlegung der Literaturwissenschaft. 3. Aufl. Stuttgart: Steiner. - 983 S. - 1. Aufl. 1960.

136   Lausberg, Heinrich (1990): Elemente der literarischen Rhetorik. Eine Einführung für Studierende der klassischen, romanischen, englischen und deutschen Philologie. 10. Aufl. München: Hueber. - 169 S. - 1. Aufl. 1949.

2.9   Stoff- und Motivgeschichte

137   Frenzel, Elisabeth (1992): Stoffe der Weltliteratur. Ein Lexikon dichtungsgeschichtlicher Längsschnitte. 8., vollst. überarb. Aufl. Stuttgart: Kröner. (Kröners Taschenausgabe. 300) - XVI, 931 S. - 1. Aufl. 1962. [**Frenzel Stoffe**]

138   Frenzel, Elisabeth (1992): Motive der Weltliteratur. Ein Lexikon dichtungsgeschichtlicher Längsschnitte. 4., überarb. und erg. Aufl. Stuttgart: Kröner. (Kröners Taschenausgabe. 301) - XVI, 907 S. - 1. Aufl. 1976. [**Frenzel Motive**]

139   Rinsum, Annemarie van / Rinsum, Wolfgang van (1990/1993): Lexikon literarischer Gestalten. 2 Bände. Stuttgart: Kröner. (Kröners Taschenausgabe. 420/421) - IX, 531; IX, 676 S.

2.10   Darstellungen zur Weltliteratur

140   Krywalski, Diether (Hrsg., 1992): Knaurs Lexikon der Weltliteratur. Autoren, Werke, Sachbegriffe. 3., aktualis. und neu bearb. Aufl. München: Droemer Knaur. - 703 S. - 1. Aufl. 1979.

141 Wischer, Erika (Hrsg., 1981-1984): Propyläen-Geschichte der Literatur. Literatur und Gesellschaft der westlichen Welt. 6 Bände. Berlin: Propyläenverlag.

142 Brauneck, Manfred (Hrsg., 1981): Weltliteratur im 20. Jahrhundert. Autorenlexikon. 5 Bände. Reinbek: Rowohlt. (rororo. 6265-69) - 1405 und 546 S.

143 See, Klaus von (Hrsg., 1972 ff.): Neues Handbuch der Literaturwissenschaft. [Geplant:] 25 Bände. - Wiesbaden: Athenaion, teilweise Wiesbaden: Aula.

2.11 Literaturlexika

144 Wilpert, Gero von (Hrsg., 1988-1993): Lexikon der Weltliteratur. 3., neu bearb. Aufl. 2 Bände. Stuttgart: Kröner. - XV, 1677; XVIII, 1569 S. - 1. Aufl. 1963-1968. [Lex Weltlit]

145 Jens, Walter (Hrsg., 1988-1992): Kindlers neues Literaturlexikon. 20 Bände. München: Kindler. [KNLL]

146 Habicht, Werner (Hrsg., 1988): Der Literatur-Brockhaus. 3 Bände. Mannheim: Brockhaus.

147 Rüdiger, Horst / Koppen, Erwin (Hrsg., 1966-1973): Kleines literarisches Lexikon. 4., neu bearb. und erw. Aufl. 3 Bände Bern: Francke. (Sammlung Dalp. 15/17) - 1. Aufl. in 2 Bänden von Wolfgang Kayser 1947.

148 Einsiedel, Wolfgang von (Hrsg., 1965-74): Kindlers Literaturlexikon. 7 Bände und Erg.-Band. Zürich: Kindler. - Taschenbuchausgabe in 25 Bänden: München: Deutscher Taschenbuchverlag 1974 u. ö. (dtv. 5999). [KLL]

2.12 Sachwörterbücher

149 Borchmeyer, Dieter / Žmegač, Viktor (Hrsg., 1994): Moderne Literatur in Grundbegriffen. 2., neu bearb. Aufl. Tübingen: Niemeyer. - 471 S. - 1. Aufl 1987.

150 Best, Otto F. (1994): Handbuch literarischer Fachbegriffe. Definitionen und Beispiele. Überarb. Neuausg. Frankfurt a. M.: Fischer Taschenbuchverlag. (FTB. 11958) - 620 S. - 1. Aufl. 1972.

151   Schweikle, Günther / Schweikle, Irmgard (Hrsg., 1990): Metzler
      Literatur-Lexikon. Begriffe und Definitionen. 2., überarb.
      Aufl. Stuttgart: Metzler. - 525 S. - 1. Aufl. 1984. **[MLL]**
152   Wilpert, Gero von (1989): Sachwörterbuch der Literatur. 7., verb.
      und erw. Aufl. Stuttgart: Kröner. (Kröners Taschenaus-
      gabe. 231) - XI, 1054 S. - 1. Aufl. 1955. **[Wilpert
      Sachwb]**
153   Träger, Claus (Hrsg., 1989): Wörterbuch der Literaturwissen-
      schaft. 2. Aufl. Leipzig: Bibliographisches Institut. - 714
      S. - 1. Aufl. 1986.

2.13   Textkritik / Edition

154   Kanzog, Klaus (1991): Einführung in die Editionsphilologie der
      neueren deutschen Literatur. Berlin: Erich Schmidt.
      (Grundlagen der Germanistik. 31) - 231 S.
155   Kraft, Herbert (Hrsg., 1990): Editionsphilologie. Darmstadt: Wis-
      senschaftliche Buchgesellschaft. - 314 S.
156   Scheibe, Siegfried / Hagen, Waltraud / Laufer, Christel / Motsch-
      mann, Uta (1988): Vom Umgang mit Editionen. Eine Ein-
      führung in Verfahrensweisen und Methoden der Textolo-
      gie. Berlin: Akademie Verlag. - 296 S.

2.14   Medienkunde / Massenkommunikation

157   Halbey, Hans Adolf (1994): Druckkunde für Germanisten, Litera-
      tur- und Geschichtswissenschaftler. Bern: Lang. (Germa-
      nistische Lehrbuchsammlung. 50) - 163 S.
158   Hickethier, Knut (1993): Film- und Fernsehanalyse. Stuttgart:
      Metzler. (Sammlung Metzler. 277) - VII, 233 S.
159   Maletzke, Gerhard (1988): Massenkommunikationstheorien. Tübin-
      gen: Niemeyer. (Medien in Forschung und Unterricht.
      B 7) - V, 68 S.

2.15   Geschichte der Literaturwissenschaft

160   Hermand, Jost (1994): Geschichte der Germanistik. Reinbek: Ro-
      wohlt. (Rowohlts Enzyklopädie. 534) - 281 S.

161 Fohrmann, Jürgen (Hrsg., 1994): Wissenschaftsgeschichte der Germanistik im 19. Jahrhundert. Stuttgart: Metzler. - VIII, 792 S.

162 Batts, Michael S. (1993): A History of Histories of German Literature. 1835-1914. Montreal: McGill-Queen's University Press. - XII, 321 S.

163 Weimar, Klaus (1989): Geschichte der deutschen Literaturwissenschaft bis zum Ende des 19. Jahrhunderts. München: Fink. - 512 S.

164 Haubrichs, Wolfgang (Hrsg., 1984): Wissenschaftsgeschichte der Philologien. Göttingen: Vandenhoeck & Ruprecht. (Zeitschrift für Literaturwissenschaft und Linguistik 14, Heft 53-54) - 263 S.

165 Janota, Johannes (Hrsg., 1980): Eine Wissenschaft etabliert sich. 1810-1870. Tübingen: Niemeyer. (Texte zur Wissenschaftsgeschichte der Germanistik. III) (Deutsche Texte. 53) - VIII, 340 S.

166 Reiss, Gunter (Hrsg., 1973): Materialien zur Ideologiegeschichte der deutschen Literaturwissenschaft. Von Wilhelm Scherer bis 1945. 2 Bände. Tübingen: Niemeyer. (Deutsche Texte. 21-22) - 131; 151 S. Taschenbuchausgabe: dtv-Wissenschaftliche Reihe. 4260-4261.

2.16   EDV in der Literaturwissenschaft

167 Ufert, Detlef / Harder, Andreas (1994): Einführung in die Datenverarbeitung für Linguisten und Literaturwissenschaftler. - Als Ms. gedruckt - Aachen: Shaker. - (Berichte aus der Informatik) - 284 S.

168 Barckow, Klaus / Delabar, Walter (Hrsg., 1994): Neue Informations- und Speichermedien in der Germanistik. Zu den Perspektiven der EDV als Informationsträger für die literaturwissenschaftliche Forschung. Bern: Lang (Jahrbuch für Intern. Germanistik. Reihe A. Band 38) - 180 S.

169 Ludwig, Hans-Werner (1991): EDV für Literaturwissenschaftler. Arbeits- und Programmiertechniken für den PC. Tübingen: Narr. (Literaturwissenschaft im Grundstudium. 16) - 254 S.

2.17   Feministische Literaturwissenschaft

170   Osinski, Jutta (1996): Einführung in die feministische Literaturwissenschaft. Berlin: Erich Schmidt. - Ca. 180 S.
171   Lindhoff, Lena (1995): Einführung in die feministische Literaturtheorie. Stuttgart: Metzler. (Sammlung Metzler. 285) - XIV, 192 S.

3   GERMANISTISCHE LITERATURWISSENSCHAFT

3.1   Repertorien

172   Raabe, Paul / Ruppelt, Georg (1981): Quellenrepertorium zur neueren deutschen Literaturgeschichte. 3., vollst. neu bearb. Aufl. Stuttgart: Metzler. (Sammlung Metzler. 74) - IX, 194 S. - 1. Aufl. 1962.
173   Hagen, Waltraud u. a. (1981): Handbuch der Editionen. Deutschsprachige Schriftsteller. Ausgang des 15. Jahrhunderts bis zur Gegenwart. 2., unveränd. Aufl. Berlin: Volk und Wissen, München: Beck. - 608 S. - 1. Aufl. 1979.

3.2   Gesamtdarstellungen

174   Stammler, Wolfgang (Hrsg., 1957-1962): Deutsche Philologie im Aufriß. 3 Bände und Registerband. 2., überarb. Aufl. Berlin: Erich Schmidt. - 1. Aufl. 1952-1957. [**Aufriß** oder **DPhA**]

3.3   Einführungen

175   Dürscheid, Christa / Kircher, Hartmut / Sowinski, Bernhard (1994): Germanistik. Eine Einführung. Köln: Böhlau. (Böhlau-Studienbücher, Germanistik) - 362 S.
176   Link, Jürgen (1993): Literaturwissenschaftliche Grundbegriffe. Eine programmierte Einführung auf strukturalistischer Ba-

sis. 5., [gegenüber der 2. Aufl.] unveränd. Aufl. München: Fink. (UTB. 305) - IV, 401 S. - 1. Aufl. 1974.

177 Gutzen, Dieter / Oellers, Norbert / Petersen, Jürgen H. (1989): Einführung in die neuere deutsche Literaturwissenschaft. Ein Arbeitsbuch. 6., neugefaßte Aufl. Berlin: Erich Schmidt. - 388 S. - 1. Aufl. 1976.

3.4 Methodenlehre

90 Maren-Grisebach: Methoden der Literaturwissenschaft.

178 Hauff, Jürgen / Heller, Albrecht / Hüppauf, Bernd / Köhn, Lothar / Philippi, Klaus P. (1991): Methodendiskussion. Arbeitsbuch zur Literaturwissenschaft. 2 Bände. 6. Aufl. [= unveränd. Nachdruck der 5. Aufl., 1987] Weinheim: Beltz Athenäum. (Studienbuch Literaturwissenschaft. 2003/04) - 192; 246 S. - 1. Aufl. 1971.
179 Žmegač, Viktor (Hrsg., 1972): Methoden der deutschen Literaturwissenschaft. Eine Dokumentation. 2., durchges. und erg. Aufl. Frankfurt a. M.: Athenäum. (Athenäum-Taschenbuch. 2001) - 334 S. - 1. Aufl. 1971.

3.5 Literaturlexika

3.5.1 Autorenlexika

180 Lutz, Bernd (Hrsg., 1994): Metzler Autoren-Lexikon. Deutschsprachige Dichter und Schriftsteller vom Mittelalter bis zur Gegenwart. 2., überarb. und erw. Aufl. Stuttgart: Metzler. - 905 S. - 1. Aufl. 1986.
181 Killy, Walther (1994): Deutsche Autoren. Vom Mittelalter bis zur Gegenwart. 5 Bände. Gütersloh: Bertelsmann Lexikonverlag. [Auswahl von ca. 1000 Artikeln aus Nr. 188].
182 Böttcher, Kurt u. a. (Hrsg., 1993 ff.): Lexikon deutschsprachiger Schriftsteller. Von den Anfängen bis zur Gegenwart. [Geplant:] 2 Bände. Bis 1993: Band 2: 20. Jahrhundert. Hildesheim: Olms. - 960 S.
183 Brinker-Gabler, Gisela (Hrsg.,1991): Deutsche Dichterinnen vom 16. Jahrhundert bis zur Gegenwart. Gedichte und Lebensläufe. 3. Aufl. Frankfurt a. M.: Fischer

Taschenbuchverlag. (FTB. 3701) - 432 S. - 1. Aufl. 1978.

184 Brauneck, Manfred / Beck, Wolfgang (Hrsg., 1991): Autorenlexikon deutschsprachiger Literatur des 20. Jahrhunderts. 4. Aufl. (überarb. und erw. Neuausg.). Reinbek: Rowohlt. (rororo. 6355) - 883 S. - 1. Aufl. 1984.

185 Moser, Dietz Rüdiger u. a. (Hrsg., 1990): Neues Handbuch der deutschen Gegenwartsliteratur seit 1945. Begründet von Hermann Kunisch. München: Nymphenburger Verlagshandlung. - 687 S. - Aktualis. Taschenbuchausgabe 1993: München: Deutscher Taschenbuchverlag (dtv. 3296) - 1226 S.

186 Bondy, François (Hrsg., 1989): Harenbergs Lexikon der Weltliteratur. Autoren, Werke, Begriffe. 5 Bände. Dortmund: Harenberg Lexikonverlag. - 3183 S.

187 Wilpert, Gero von (1988): Deutsches Dichterlexikon. Biographisch-bibliographisches Handwörterbuch zur deutschen Literaturgeschichte. 3., erw. Aufl. Stuttgart: Kröner. (Kröners Taschenausgabe. 288) - XI, 900 S. - 1. Aufl. 1963.

188 Killy, Walther (Hrsg., 1988-1993): Literaturlexikon. Autoren und Werke deutscher Sprache. 15 Bände. Band 1-12: Autoren A-Z; Band 13-14: Begriffe, Realien, Methoden (Hrsg. Meid, Volker); Band 15: Register. Gütersloh: Bertelsmann Lexikonverlag.

145 Jens: Kindlers neues Literaturlexikon.

146 Habicht: Der Literatur-Brockhaus.

189 Wiesner, Herbert (Hrsg., 1987): Lexikon der deutschen Gegenwartsliteratur. Begründet von Hermann Kunisch. 2., erw. und aktualis. Aufl. München: Nymphenburger Verlagshandlung. - 652 S. - 1. Aufl. 1981.

190 Brinker-Gabler, Gisela / Ludwig, Karola / Wöffen, Angela (Hrsg., 1986): Lexikon deutschsprachiger Schriftstellerinnen von 1800 bis 1945. München: Deutscher Taschenbuchverlag. (dtv. 3282) - 363 S.

191 Woods, Jean M. / Fürstenwald, Maria (1984): Schriftstellerinnen, Künstlerinnen und gelehrte Frauen des deutschen Barocks. Ein Lexikon. Stuttgart: Metzler. (Repertorien zur deutschen Literaturgeschichte. 10) - XXXVI, 145 S.

192   Lennartz, Franz (1984): Deutsche Schriftsteller des 20. Jahrhunderts im Spiegel der Kritik. 845 Einzeldarstellungen in alphabetischer Folge mit Werkregister und dokumentarischem Anhang. 3 Bände und Registerband. Stuttgart: Kröner. - 1. Aufl. 1949.

193   Friedrichs, Elisabeth (1981): Die deutschsprachigen Schriftstellerinnen des 18. und 19. Jahrhunderts. Ein Lexikon. Stuttgart: Metzler. (Repertorien zur deutschen Literaturgeschichte. 9) - XXIII, 388 S.

194   Arnold, Heinz Ludwig (Hrsg., 1978 ff.): Kritisches Lexikon zur deutschsprachigen Gegenwartsliteratur. Loseblattausgabe. Bisher: 8 Ordner. München: Edition Text + Kritik.

195   Deutsches Literatur - Lexikon. Biographisch-bibliographisches Handbuch. (1968 ff.). Begründet von Wilhelm Kosch. 3., völl. neu bearb. Aufl. Bis 1993: Band 1-15 (*A-Schnydrig*) und 2 Erg.-Bände (*A-Christen*). Bern: Francke, Bern: Saur. - 1. Aufl. in 2 Bänden 1927-30; 2. Aufl. in 4 Bänden 1949-58. [**Kosch**]

3.5.2 *Werklexika*

144   Wilpert: Lexikon der Weltliteratur.

145   Jens: Kindlers neues Literaturlexikon.

188   Killy: Literaturlexikon.

3.5.3 *Sachlexika*

3.5.3.1 *Literaturwissenschaftliche Lexika*

149   Borchmeyer/ Žmegač: Moderne Literatur in Grundbegriffen.

150   Best: Handbuch literarischer Fachbegriffe.

151   Schweikle/Schweikle: Metzler Literatur-Lexikon.

152   Wilpert: Sachwörterbuch der Literatur.

153   Träger: Wörterbuch der Literaturwissenschaft.

196   Reallexikon der deutschen Literaturgeschichte. Begründet von Paul Merker und Wolfgang Stammler (1958-88). 2. Aufl., neu bearb. und unter redakt. Mitarb. von Klaus Kanzog sowie

unter Mitwirkung zahlreicher Fachgelehrter hrsg. von
Werner Kohlschmidt und Wolfgang Mohr, ab Band 4 von
Klaus Kanzog und Achim Masser. 4 Bände und Regi-
sterband. Berlin: de Gruyter. - 1. Aufl. 1925-31. [RL]

3.5.3.2 Literaturdidaktische Lexika

197 Nündel, Ernst (Hrsg., 1992): Lexikon zum Deutschunterricht. Mit
        einem Glossar. 3., unveränd. Aufl. Weinheim: Beltz
        Athenäum. - 562 S. - 1. Aufl. 1979.

198 Stocker, Karl (Hrsg., 1987): Taschenlexikon zur Literatur- und
        Sprachdidaktik. 2 Bände. 2. Aufl. Frankfurt a. M.:
        Scriptor. (Scriptor-Taschenbücher. S 94) - 535 S. - 1.
        Aufl. 1976.

199 Dingeldey, Erika / Vogt, Jochen (Hrsg., 1974): Kritische Stich-
        wörter zum Deutschunterricht. Ein Handbuch. München:
        Fink. (UTB. 299) - 439 S.

3.6   Metrik

200 Arndt, Erwin (1995): Deutsche Verslehre. Ein Abriß. 13., bearb.
        Aufl. Berlin: Volk und Wissen. - 256 S. - 1. Aufl. 1959.

201 Breuer, Dieter (1994): Deutsche Metrik und Versgeschichte. 3.
        Aufl. München: Fink. (UTB. 745) - 414 S. - 1. Aufl.
        1981.

202 Wagenknecht, Christian (1993): Deutsche Metrik. Eine historische
        Einführung. 3., durchges. Aufl. München: Beck. - 140 S.
        - 1. Aufl. 1981.

203 Kayser, Wolfgang (1992): Kleine deutsche Versschule. 24. Aufl.
        Tübingen: Francke. (UTB. 1727) - 123 S. - 1. Aufl.
        1946.

204 Kayser, Wolfgang (1991): Geschichte des deutschen Verses. 10
        Vorlesungen für Hörer aller Fakultäten. 4., unveränd.
        Aufl. Tübingen: Francke. (UTB. 4) - 155 S. - 1. Aufl.
        1960.

205 Behrmann, Alfred (1989): Einführung in den neueren deutschen
        Vers. Von Luther bis zur Gegenwart. Stuttgart: Metzler. -
        IX, 191 S.

206 Paul, Otto / Glier, Ingeborg (1986 u. ö.): Deutsche Metrik. 9.
        Aufl. München: Hueber. - 190 S. - 1. Aufl. 1930.

3.7   Poetik

119   Braak: Poetik in Stichworten.

207   Roetzer, Hans Gerd (Hrsg., 1982): Texte zur Geschichte der Poetik in Deutschland: von M. Opitz bis A. W. Schlegel. Darmstadt: Wissenschaftl. Buchgesellschaft. - XI, 421 S.

208   Wiegmann, Hermann (1977): Geschichte der Poetik. Ein Abriß. Stuttgart: Metzler. (Samml. Metzler. 160) - VIII, 178 S.

209   Markwardt, Bruno (1959-1977): Geschichte der deutschen Poetik. 5 Bände. Berlin: de Gruyter. (Grundriß der germanischen Philologie. 13, 1-5).

3.8   Rhetorik

131   Ueding/Steinbrink: Grundriß der Rhetorik.

135   Lausberg: Handbuch der literarischen Rhetorik.

136   Lausberg: Elemente der literarischen Rhetorik.

3.9   Literaturwissenschaftliche Stilistik

210   Behrmann, Alfred (1992): Was ist Stil? Zehn Unterhaltungen über Kunst und Konvention. Stuttgart: Metzler. - 208 S.

211   Sowinski, Bernhard (1991): Stilistik. Stiltheorien und Stilanalysen. Stuttgart: Metzler. (Samml. Metzler. 263) - XII, 247 S.

212   Sowinski, Bernhard (1991): Deutsche Stilistik. Beobachtungen zur Sprachverwendung und Sprachgestaltung im Deutschen. 6. Aufl. Frankfurt a. M.: Fischer Taschenbuchverlag. (FTB. 6147) - 344 S. - 1. Aufl. 1973.

213   Thieberger, Richard (1988): Stilkunde. Bern: Lang. (Germanistische Lehrbuchsammlung. 59) - 161 S.

214   Asmuth, Bernhard / Berg-Ehlers, Luise (1978): Stilistik. 3. Aufl. Opladen: Westdeutscher Verlag. (Grundstudium Literaturwissenschaft. 5) - 178 S. - 1. Aufl. 1974.

3.10 Interpretation / Werk- und Textbeschreibung

215 Frank, Horst J. (1995): Wie interpretiere ich ein Gedicht? Eine methodische Anleitung. 3., durchges. Aufl. Tübingen: Francke. (UTB. 1639) - 131 S. - 1. Aufl. 1991.

216 Burdorf, Dieter (1995): Einführung in die Gedichtanalyse. Stuttgart: Metzler. (Sammlung Metzler. 284) - 274 S.

217 Schutte, Jürgen (1993): Einführung in die Literaturinterpretation. 3., überarb. und erw. Aufl. Stuttgart: Metzler. (Sammlung Metzler. 217) - VII, 228 S. - 1. Aufl. 1985.

218 Kahrmann, Cordula / Reiß, Gunter / Schluchter, Manfred (1993): Erzähltextanalyse. Eine Einführung mit Studien- und Übungstexten. 3. Aufl. der überarb. Neuausg. (1986) Weinheim: Beltz Athenäum. (Studienbuch Literaturwissenschaft) - 259 S. - 1. Aufl. 1977.

219 Gelfert, Hans-Dieter (1993): Wie interpretiert man eine Novelle und eine Kurzgeschichte? Stuttgart: Reclam. (RUB. 15030) - 195 S.

220 Gelfert, Hans-Dieter (1993): Wie interpretiert man einen Roman? Stuttgart: Reclam. (RUB. 15031) - 199 S.

221 Gelfert, Hans-Dieter (1992): Wie interpretiert man ein Drama? Stuttgart: Reclam. (RUB. 15026) - 191 S.

222 Gelfert, Hans-Dieter (1990): Wie interpretiert man ein Gedicht? Stuttgart: Reclam. (RUB. 15018) - 191 S.

223 Behrmann, Alfred (1982): Einführung in die Analyse von Prosatexten. 5., neu bearb. und erw. Aufl. Stuttgart: Metzler. (Sammlung Metzler. 59) - X, 151 S. - 1. Aufl. 1967.

224 Behrmann, Alfred (1974): Einführung in die Analyse von Verstexten. 2. Aufl. Stuttgart: Metzler. (Sammlung Metzler. 89) - VIII, 116 S. - 1. Aufl. 1970.

3.11 Literaturgeschichte: Gesamtdarstellungen

225 Beutin, Wolfgang u. a. (1994): Deutsche Literaturgeschichte. Von den Anfängen bis zur Gegenwart. 5., überarb. Aufl. Stuttgart: Metzler. - X, 630 S. - 1. Aufl. 1979.

226 Žmegač, Viktor (Hrsg., 1993): Kleine Geschichte der deutschen Literatur. Von den Anfängen bis zur Gegenwart. 4., aktualis. Aufl. Weinheim: Beltz Athenäum. - 432 S. - 1.

Aufl. 1981 unter dem Titel: Scriptors Geschichte der deutschen Literatur.

227 Meid, Volker (1993): Metzler Literatur-Chronik. Werke deutschsprachiger Autoren. Stuttgart: Metzler. - 724 S.

228 Grimm, Gunter E. (Hrsg., 1993): Deutsche Dichter. Leben und Werk deutschsprachiger Autoren vom Mittelalter bis zur Gegenwart. Durchges. und aktualis. Auswahlausgabe aus Nr. 234. Stuttgart: Reclam. - 886 S.

229 Glaser, Hermann / Lehmann, Jakob / Lubos, Arno (1993): Wege der deutschen Literatur. Eine geschichtliche Darstellung. 30., aktualis. Aufl. Frankfurt a. M.: Ullstein. (Ullstein-Buch. 34492) - 699 S. - 1. Aufl. 1961.

230 Schlosser, Horst Dieter (1992): dtv-Atlas zur deutschen Literatur. Tafeln und Texte. 5. Aufl. München: Deutscher Taschenbuchverlag. (dtv. 3219) - 309 S. - 1. Aufl. 1983.

231 Nürnberger, Helmuth u. a. (1992): Geschichte der deutschen Literatur. 24. Aufl. München: Bayerischer Schulbuch-Verlag. - 516 S.

232 Martini, Fritz / Martini-Wonde, Angela (1991): Deutsche Literaturgeschichte von den Anfängen bis zur Gegenwart. 19., neu bearb. Aufl. Stuttgart: Kröner. (Kröners Taschenausgabe. 196) - VII, 765 S. - 1. Aufl. 1949.

233 Frenzel, Herbert Alfred / Frenzel, Elisabeth (1991): Daten deutscher Dichtung. Chronologischer Abriß der deutschen Literaturgeschichte. 26. [= 25., durchges. und erw.] Aufl. 2 Bände. - München: Deutscher Taschenbuchverlag. (dtv. 3003/04) - 424; 448 S. - 1. Aufl. 1953.

234 Grimm, Gunter E. / Max, Frank Rainer (Hrsg., 1988-1990): Deutsche Dichter. Leben und Werk deutschsprachiger Autoren. 8 Bände. Stuttgart: Reclam. (RUB. 8611-18).

235 Fricke, Gerhard / Schreiber, Mathias (1988): Geschichte der deutschen Literatur. Neu bearb. 20. Aufl. Paderborn: Schöningh. - 446 S. - 1. Aufl. 1949.

236 Brinker-Gabler, Gisela (Hrsg., 1988): Deutsche Literatur von Frauen. 2 Bände. München: Beck. - 563; 591 S.

237 Bahr, Ehrhard (Hrsg., 1987-88): Geschichte der deutschen Literatur. Kontinuität und Veränderung. Vom Mittelalter bis zur Gegenwart. 3 Bände. Tübingen: Francke. (UTB. 1463-1465) - XI, 448; X, 531; XI, 594 S.

238 Gnüg, Hiltrud / Möhrmann, Renate (Hrsg., 1985): Frauen, Literatur, Geschichte. Schreibende Frauen vom Mittelalter bis

zur Gegenwart. Stuttgart: Metzler. - XIV, 562 S. (Auch als Suhrkamp-Taschenbuch. 1603).

239 Žmegač, Viktor (Hrsg., 1984/1994, teilw. 2. Aufl.): Geschichte der deutschen Literatur vom 18. Jahrhundert bis zur Gegenwart. 3 Bände. Weinheim: Beltz Athenäum. (Studienbuch Literaturwissenschaft).

240 Grimminger, Rolf (Hrsg., 1983 ff.): Hansers Sozialgeschichte der deutschen Literatur vom 16. Jahrhundert bis zur Gegenwart. [Geplant:] 12 Bände. Bis 1995: Band 3, 4, 10-12. München: Hanser. Taschenbuchausgabe: München: Deutscher Taschenbuchverlag.

241 Glaser, Horst Albert (Hrsg., 1980 ff.): Deutsche Literatur. Eine Sozialgeschichte. [Geplant:] 10 Bände. Bisher: Band 1-9. Reinbek: Rowohlt. (rororo. 6250-6259).

242 Deutsche Schriftsteller im Porträt (1979 ff.). Bisher: 6 Bände. München: Beck (Becksche Schwarze Reihe).

243 Grundkurs Literaturgeschichte (1980 ff.). Opladen: Westdeutscher Verlag. - Frey, Winfried u. a. (Hrsg., 1979 ff.): Einführung in die deutsche Literatur des 12. bis 16. Jahrhunderts. 3 Bände. - Lepper, Gisbert u. a. (Hrsg., 1983 ff.): Einführung in die deutsche Literatur des 18. Jahrhunderts. 2 Bände. - Jansen, Josef u.a (Hrsg., 1982 ff.): Einführung in die deutsche Literatur des 19. Jahrhunderts. 2 Bände. - Schütz, Erhard u. a. (Hrsg., 1977 ff.): Einführung in die deutsche Literatur des 20. Jahrhunderts. 3 Bände.

244 Wiese, Benno von (Hrsg., 1969 ff.): Deutsche Dichter. Ihr Leben und Werk. Berlin: Erich Schmidt.
     Deutsche Dichter der frühen Neuzeit (1450-1600). (1993)
     Deutsche Dichter des 17. Jahrhunderts. (1984)
     Deutsche Dichter des 18. Jahrhunderts. (1977)
     Deutsche Dichter der Romantik. (2. Aufl. 1983 - 1. Aufl. 1971)
     Deutsche Dichter des 19. Jahrhunderts. (2. Aufl. 1979 - 1. Aufl. 1969)
     Deutsche Dichter der Gegenwart. (1973)
     Deutsche Dichter der Moderne. (3. Aufl. 1975)

245 Kohlschmidt, Werner (Hrsg., 1966-80): Geschichte der deutschen Literatur von den Anfängen bis zur Gegenwart. 5 Bände. Stuttgart: Reclam.

246 Gysi, Klaus u. a. (Hrsg., 1960-90): Geschichte der deutschen Literatur von den Anfängen bis zur Gegenwart. [Geplant:] 12

Bände. Erschienen bis auf Band 3 (Zeitraum von 1250-1480). Berlin: Volk und Wissen.

247 Boor, Helmut de / Newald, Richard (1960 ff.): Geschichte der deutschen Literatur von den Anfängen bis zur Gegenwart. [Geplant:] 12 Bände. Bisher: Band 1-7 (in verschiedenen Auflagen und Bearbeitungen) und Band 12. München: Beck.

3.12 Literaturgeschichte: Epochendarstellungen

3.12.1 Humanismus / Reformation / Barock

248 Füssel, Stephan (Hrsg., 1993): Deutsche Dichter der frühen Neuzeit (1450-1600). Ihr Leben und Werk. Berlin: Erich Schmidt. (= Nr. 244) - 680 S.

249 Bennewitz, Ingrid / Müller, Ulrich (Hrsg., 1991): Von der Handschrift zum Buchdruck: Spätmittelalter, Reformation, Humanismus. (1320-1572). Reinbek: Rowohlt. (= Nr. 241, Band 2) - 539 S.

250 Hoffmeister, Gerhart (1987): Deutsche und europäische Barockliteratur. Stuttgart: Metzler. (Sammlung Metzler. 234) - XIV, 208 S.

251 Steinhagen, Harald (Hrsg., 1985): Zwischen Gegenreformation und Frühaufklärung: Späthumanismus, Barock. Reinbek: Rowohlt. (= Nr. 241, Band 3) - 550 S.

252 Steinhagen, Harald / Wiese, Benno von (Hrsg., 1984): Deutsche Dichter des 17. Jahrhunderts. Ihr Leben und Werk. Berlin: Erich Schmidt. (= Nr. 244) - 983 S.

253 Kohlschmidt, Werner (1981): Geschichte der deutschen Literatur vom Barock bis zur Klassik. 2. Aufl. Stuttgart: Reclam. (= Nr. 245, Band 2) - 984 S. - 1. Aufl. 1965.

254 Bernstein, Eckhard (1978): Die Literatur des deutschen Frühhumanismus. Stuttgart: Metzler. (Sammlung Metzler. 168) - XII, 110 S.

255 Könneker, Barbara (1975): Die deutsche Literatur der Reformationszeit. Kommentar zu einer Epoche. München: Winkler. - 284 S.

256 Rupprich, Hans (1970/73): Die deutsche Literatur vom späten Mittelalter bis zum Barock. 2 Teile. (Teil 1 in 2. Aufl. 1994). München: Beck. (= Nr. 247, Band 4). - XII, 927; XII, 554 S.

257 Newald, Richard (1967): Die deutsche Literatur vom Späthuma-
     nismus bis zur Empfindsamkeit (1570-1750). 6., verb.
     Aufl. München: Beck. (= Nr. 247, Band 5) - IX, 592 S. -
     1. Aufl. 1951.

3.12.2 Aufklärung / Klassik / Romantik

258 Schanze, Helmut (Hrsg., 1994): Romantik-Handbuch. Stuttgart:
     Kröner. - XXIV, 802 S.

259 Borchmeyer, Dieter (1994): Weimarer Klassik. Portrait einer Epo-
     che. 2. Aufl. / Neuausg. Weinheim: Beltz Athenäum. -
     614 S. - 1. Aufl. 1980.

260 Kaiser, Gerhard (1991): Aufklärung, Empfindsamkeit, Sturm und
     Drang. 4., unveränd. Aufl. Tübingen: Francke. (UTB.
     484) - 374 S. - 1. Aufl. 1966.

261 Jørgensen, Sven Aage / Bohnen, Klaus / Øhrgaard, Per (1990):
     Aufklärung, Sturm und Drang, frühe Klassik (1740-
     1789). München: Beck. (= Nr. 247, Band 6) - XIII, 665
     S. [Ersetzt Nr. 265]

262 Hoffmeister, Gerhart (1990): Deutsche und europäische Romantik.
     2., durchges. und erw. Aufl. Stuttgart: Metzler. (Samm-
     lung Metzler. 170) - XII, 242 S.

263 Hinck, Walter (Hrsg., 1989): Sturm und Drang. Ein literaturwis-
     senschaftliches Studienbuch. 2., durchges. Aufl. Wein-
     heim: Beltz Athenäum. (Studienbuch Literaturwissen-
     schaft) - XII, 269 S. - 1. Aufl. 1978.

264 Ueding, Gert (1987): Klassik und Romantik. Deutsche Literatur im
     Zeitalter der Französischen Revolution (1789-1819).
     München: Hanser. (= Nr. 240, Band 4) - 1004 S.

265 Newald, Richard (1985): Ende der Aufklärung und Vorbereitung
     der Klassik. 7. Aufl., zuvor u. d. T.: Von Klopstock bis
     zu Goethes Tod. München: Beck. (= Nr. 247, Band 6) -
     X, 438 S. - 1. Aufl. 1957.

266 Grimminger, Rolf (Hrsg., 1984): Deutsche Aufklärung bis zur
     Französischen Revolution (1680-1789). 2. Aufl. Mün-
     chen: Hanser (= Nr. 240, Band 3) - 1009 S. - 1. Aufl.
     1980.

267 Wiese, Benno von (Hrsg., 1983): Deutsche Dichter der Romantik.
     Ihr Leben und Werk. 2., überarb. und verm. Aufl. Berlin:
     Erich Schmidt. (= Nr. 244) - 659 S. - 1. Aufl.1971.

268 Schulz, Gerhard (1983/1989): Die deutsche Literatur zwischen
     französischer Revolution und Restauration. 2 Teile.

111

München: Beck. (= Nr. 247, Band 7) - XIII, 763; XIV, 912 S.

269 Wuthenow, Ralph-Rainer (Hrsg., 1980): Zwischen Absolutismus und Aufklärung: Rationalismus, Empfindsamkeit, Sturm und Drang (1740-1786). Reinbek: Rowohlt. (= Nr. 241, Band 4) - 390 S.

270 Glaser, Horst Albert (Hrsg., 1980): Zwischen Revolution und Restauration: Klassik, Romantik (1786 bis 1815). Reinbek: Rowohlt. (= Nr. 241, Band 5) - 393 S.

271 Wiese, Benno von (Hrsg., 1977): Deutsche Dichter des 18. Jahrhunderts. Ihr Leben und Werk. Berlin: Erich Schmidt. (= Nr. 244) - 1086 S.

272 Kohlschmidt, Werner (1974): Von der Romantik bis zum späten Goethe. Stuttgart: Reclam. (= Nr. 245, Band 3) - 764 S.

3.12.3   Junges Deutschland / Realismus

273 Cowen, Roy C. (1985): Der poetische Realismus. Kommentar zu einer Epoche. München: Winkler. (Winkler-Kommentare) - 429 S.

274 Kohlschmidt, Werner (1982): Vom Jungen Deutschland bis zum Naturalismus. 2. Aufl. Stuttgart: Reclam. (= Nr. 245, Band 4) - 924 S. - 1. Aufl. 1975.

275 Glaser, Horst Albert (Hrsg., 1982): Vom Nachmärz zur Gründerzeit: Realismus. Reinbek: Rowohlt. (= Nr. 241, Band 7) - 441 S.

276 Aust, Hugo (1981): Literatur des Realismus. 2., durchges. und erg. Aufl. Stuttgart: Metzler. (Sammlung Metzler. 157) - VIII, 130 S.

277 Witte, Bernd (Hrsg., 1980): Vormärz: Biedermeier, Junges Deutschland, Demokraten (1815 bis 1848). Reinbek: Rowohlt. (= Nr. 241, Band 6) - 380 S.

278 Wiese, Benno von (Hrsg., 1979): Deutsche Dichter des 19. Jahrhunderts. Ihr Leben und Werk. 2., überarb. und verm. Aufl. Berlin: Erich Schmidt. (= Nr. 244) - 687 S. - 1. Aufl. 1969.

3.12.4   Naturalismus / 20. Jahrhundert

279 Vietta, Silvio / Kemper, Hans-Georg (1994): Expressionismus. 5., verb. Aufl. München: Fink. - (UTB. 362) - 464 S.

280 Steinecke, Hartmut (Hrsg., 1994): Deutsche Dichter des 20. Jahrhunderts. Berlin: Erich Schmidt. - 912 S.

281 Barner, Wilfried (Hrsg., 1994): Geschichte der deutschen Literatur
    von 1945 bis zur Gegenwart. München: Beck. (= Nr.
    247, Band 12) - XXIV, 1116 S.

282 Briegleb, Klaus / Weigel, Sigrid (Hrsg., 1992): Gegenwartsliteratur seit 1968. München: Hanser. (= Nr. 240, Band 12) -
    885 S.

283 Brauneck, Manfred / Beck, Wolfgang (Hrsg., 1991): Autorenlexikon deutschsprachiger Literatur des 20. Jahrhunderts. 4.
    Aufl. (überarb. und erw. Neuausg.). Reinbek: Rowohlt.
    (rororo Handbuch) - 883 S. - 1. Aufl. 1984.

284 Mahal, Günther (1990): Naturalismus. 2., unveränd. Aufl.
    München: Fink. (Deutsche Literatur im 20. Jahrhundert.
    1) (UTB. 363) - 260 S. - 1. Aufl. 1975.

285 Fischer, Ludwig (Hrsg., 1986): Literatur in der Bundesrepublik
    Deutschland bis 1967. München: Hanser. (= Nr. 240,
    Band 10) - 908 S.

286 Koebner, Thomas (Hrsg., 1984): Tendenzen der deutschen Gegenwartsliteratur. 2., neuverf. Aufl. Stuttgart: Kröner.
    (Kröners Taschenausgabe. 405) - XX, 572 S. - 1. Aufl.
    1971.

287 Schmitt, Hans-Jürgen (Hrsg., 1983): Die Literatur der DDR. München: Hanser. (= Nr. 240, Band 11) - 588 S.

288 Bormann, Alexander von / Glaser, Horst Albert (Hrsg., 1983):
    Weimarer Republik - Drittes Reich: Avantgardismus,
    Parteilichkeit, Exil. Reinbek: Rowohlt. (= Nr. 241, Band
    9) - 410 S.

289 Trommler, Frank (Hrsg., 1982): Jahrhundertwende. Vom Naturalismus zum Expressionismus (1880-1918). Reinbek:
    Rowohlt. (= Nr. 241, Band 8) - 410 S.

290 Cowen, Roy C. (1981): Der Naturalismus. Kommentar zu einer
    Epoche. 3., bibl. erw. Aufl. München: Winkler. - 310 S.
    - 1. Aufl. 1973.

291 Lehnert, Herbert (1978): Vom Jugendstil zum Expressionismus.
    Stuttgart: Reclam. (= Nr. 245, Band 5) - 1100 S.

292 Wiese, Benno von (Hrsg., 1975): Deutsche Dichter der Moderne.
    Ihr Leben und Werk. 3., überarb. und verm. Aufl. Berlin:
    Erich Schmidt. (= Nr. 244) - 624 S. - 1. Aufl. 1965.

293 Wiese, Benno von (Hrsg., 1973): Deutsche Dichter der Gegenwart.
    Ihr Leben und Werk. Berlin: Erich Schmidt. (= Nr. 244)
    - 686 S.

294   Kindlers Literaturgeschichte der Gegenwart in Einzelbänden. Auto-
      ren, Werke, Themen, Tendenzen seit 1945. 6 Bände.
      München: Kindler. Aktualis. Neuausg. in 12 Bänden.
      (1980 und teilw. 1987): Frankfurt a. M.: Fischer
      Taschenbuchverlag. (FTB. 6460).

3.13   Literaturgeschichte nach Gattungen

3.13.1   Epik

295   Wilpert, Gero von (1994): Die deutsche Gespenstergeschichte.
      Motiv, Form, Entwicklung. Stuttgart: Kröner. (Kröners
      Taschenausgabe. 406) - XV, 464 S.

296   Selbmann, Rolf (1994): Der deutsche Bildungsroman. 2., überarb.
      und erw. Aufl. Stuttgart: Metzler. (Sammlung Metzler.
      214) - X, 191 S. - 1. Aufl. 1984.

297   Bauer, Matthias (1994): Der Schelmenroman. Stuttgart: Metzler.
      (Sammlung Metzler. 282) - VII, 223 S.

298   Aust, Hugo (1994): Der historische Roman. Stuttgart: Metzler.
      (Sammlung Metzler. 278) - VII, 176 S.

299   Aust, Hugo (1994): Novelle. 2., überarb. und erg. Aufl. Stuttgart:
      Metzler. (Sammlung Metzler. 256) - 196 S.

121   Stanzel: Typische Formen des Romans.

300   Ludwig, Hans-Werner (Hrsg., 1993): Arbeitsbuch Romananalyse.
      4., unveränd. Aufl. Tübingen: Narr. (Literaturwissen-
      schaft im Grundstudium. 12) - 260 S. - 1. Aufl. 1982.

122   Lämmert: Bauformen des Erzählens.

218   Kahrmann/Reiß/Schluchter: Erzähltextanalyse.

301   Nusser, Peter (1992): Der Kriminalroman. 2., überarb. und erw.
      Aufl. Stuttgart: Metzler. (Sammlung Metzler. 191) - 187
      S. - 1. Aufl. 1980.

302   Nusser, Peter (1991): Trivialliteratur. Stuttgart: Metzler. (Samm-
      lung Metzler. 262) - VI, 163 S.

303   Vogt, Jochen (1990): Aspekte erzählender Prosa. Eine Einführung
      in Erzähltechnik und Romantheorie. 7., neu bearb. und
      erw. Aufl. Opladen: Westdeutscher Verlag. (WV stu-
      dium. 145) - 273 S. - 1. Aufl. 1972.

304   Marx, Leonie (1985): Die deutsche Kurzgeschichte. Stuttgart: Metzler. (Sammlung Metzler. 216) - VIII, 197 S.

305   Jolles, André (1982): Einfache Formen. Legende, Sage, Mythe, Rätsel, Spruch, Kasus, Memorabile, Märchen, Witz. 6., unveränd. Aufl. Tübingen: Niemeyer (Konzepte der Sprach- und Literaturwissenschaft. 15) - VI, 272 S. - 1. Aufl. 1930.

3.13.2   Lyrik

306   Ludwig, Hans-Werner (1994): Arbeitsbuch Lyrikanalyse. 4., [gegenüber der 1. Aufl.] unveränd. Aufl. Tübingen: Narr. (Literaturwissenschaft im Grundstudium. 3) - 272 S. - 1. Aufl. 1979.

307   Weißert, Gottfried (1993): Ballade. 2., überarb. Aufl. Stuttgart: Metzler. (Sammlung Metzler. 192) - VIII, 139 S.

308   Knörrich, Otto (1992): Lexikon lyrischer Formen. Stuttgart: Kröner. (Kröners Taschenausgabe. 479) - LIX, 274 S.

309   Korte, Hermann (1989): Geschichte der deutschen Lyrik seit 1945. Stuttgart: Metzler. (Sammlung Metzler. 250) - X, 247 S.

310   Kemper, Hans-Georg (1987 ff.): Deutsche Lyrik der frühen Neuzeit. [Geplant:] 6 Bände. Bisher: Band 1-3, 5. Tübingen: Niemeyer.

311   Asmuth, Bernhard (1984): Aspekte der Lyrik. Mit einer Einführung in die Verslehre. 7., erg. Aufl. Opladen: Westdeutscher Verlag. (Grundstudium Literaturwissenschaft. 6) - 164 S. - 1. Aufl. 1972.

312   Hinderer, Walter (Hrsg., 1983): Geschichte der deutschen Lyrik vom Mittelalter bis zur Gegenwart. Stuttgart: Reclam. - 659 S.

313   Knörrich, Otto (1978): Die deutsche Lyrik seit 1945. 2., neu bearb. und erw. Aufl. Stuttgart: Kröner. (Kröners Taschenausgabe. 401) - 425 S. - 1. Aufl. 1971.

314   Braak, Ivo (1978-1994): Gattungsgeschichte deutschsprachiger Dichtung in Stichworten. Teil 2: Lyrik. 4 Bände. Zug: Hirt. (Hirts Stichwortbücher) 264; 320; 224; 176 S.

3.13.3   Dramatik

315   Guthke, Karl S. (1994): Das deutsche bürgerliche Trauerspiel. 5., erw. und überarb. Aufl. Stuttgart: Metzler. (Sammlung Metzler. 116) - IX, 132 S. - 1. Aufl. 1972.

316 Asmuth, Bernhard (1994): Einführung in die Dramenanalyse. 4., verb. und erg. Aufl. Stuttgart: Metzler. (Sammlung Metzler. 188) - VIII, 224 S. - 1. Aufl. 1980.

317 Kafitz, Dieter (1989): Grundzüge einer Geschichte des deutschen Dramas von Lessing bis zum Naturalismus. 2. Aufl. Weinheim: Beltz Athenäum. (Studienbuch Literaturwissenschaft) - VII, 351 S. - 1. Aufl. 1982.

318 Cowen, Roy C. (1988): Das deutsche Drama im 19. Jahrhundert. Stuttgart: Metzler. (Sammlung Metzler. 247) - VI, 239 S.

319 Michael, Wolfgang F. (1984): Das deutsche Drama der Reformationszeit. Bern: Lang. - 439 S.

320 Lehmann, Jakob (Hrsg., 1983): Kleines deutsches Dramenlexikon. Königstein: Athenäum. - 380 S.

321 Buddecke, Wolfram / Fuhrmann, Helmut (1981): Das deutschsprachige Drama seit 1945. Schweiz, Bundesrepublik Deutschland, Österreich, DDR. Kommentar zu einer Epoche. München: Winkler. - 528 S.

322 Braak, Ivo (1981): Gattungsgeschichte deutschsprachiger Dichtung in Stichworten. Teil 1: Dramatik. 2 Bände. 2., durchges. Aufl. Zug: Hirt. (Hirts Stichwortbücher) - 270; 264 S. - 1. Aufl. 1975.

323 Hinck, Walter (1980): Handbuch des deutschen Dramas. Düsseldorf: Bagel. - 610 S.

3.13.4 Theaterwissenschaft und Theatergeschichte

324 Sucher, Bernd C. (Hrsg., 1995): Theaterlexikon. Autoren, Regisseure, Schauspieler, Dramaturgen, Bühnenbildner, Kritiker. München: Deutscher Taschenbuchverlag. (dtv. Nachschlagewerke. 3322) - 608 S.

325 Lazarowicz, Klaus / Balme, Christopher (Hrsg., 1993): Texte zur Theorie des Theaters. Stuttgart: Reclam. (RUB. 8736) - 703 S.

326 Kosch, Wilhelm / Bigler-Marschall, Ingrid (ab Band 3) (1953 ff.): Deutsches Theater-Lexikon. Biographisches und bibliographisches Handbuch. [Geplant:] 4 Bände. Bis 1992: Band 1-3 (bis: *Singer*). Klagenfurt: Kleinmayr, Bern: Saur.

327 Fischer-Lichte, Erika (1993): Kurze Geschichte des deutschen Theaters. Tübingen: Francke. (UTB. 1667) - VII, 540 S.

328 Brauneck, Manfred (1993): Die Welt als Bühne. Geschichte des europäischen Theaters. Stuttgart: Metzler. - XX, 716 S.

329 Brauneck, Manfred / Schneilin, Gérard (Hrsg., 1992): Theaterlexi-
      kon. Begriffe und Epochen, Bühnen und Ensembles. 3.,
      vollst. überarb. und erw. Neuausg. Reinbek: Rowohlt.
      (Rowohlts Enzyklopädie. 465) - 1137 S. - 1. Aufl. 1986.
330 Möhrmann, Renate (Hrsg., 1990): Theaterwissenschaft heute. Eine
      Einführung. Berlin: Reimer. - 396 S.
331 Fischer-Lichte, Erika (1990): Geschichte des Dramas. Epochen der
      Identität auf dem Theater von der Antike bis zur Gegen-
      wart. 2 Bände. Tübingen: Francke. (UTB. 1565/66). -
      VII, 371; VI, 306 S.
332 Kindermann, Heinz (1957-76): Theatergeschichte Europas. 10
      Bände. Salzburg: Müller.

3.14   Stoff- und Motivgeschichte

333 Schmitt, Franz Anselm (1976): Stoff- und Motivgeschichte der
      deutschen Literatur. Eine Bibliographie. 3., völlig neu be-
      arb. Aufl. Berlin: de Gruyter. - 437 S. - 1. Aufl. 1959.
334 Frenzel, Elisabeth (1974): Stoff- und Motivgeschichte. 2., verb.
      und verm. Aufl. Berlin: Erich Schmidt. (Grundlagen der
      Germanistik. 3) - 187 S. - 1. Aufl. 1966.

3.15   Biographische Nachschlagewerke

335 Gorzny, Willi (Hrsg., 1989): Deutsches Biographisches Archiv.
      Neue Folge bis zur Mitte des 20 Jahrhunderts. […] Mün-
      chen: Saur. - 1457 Microfiches. [**DBA NF**]
336 Killy, Walther (Hrsg., 1995 ff.): Deutsche Biographische Enzyklo-
      pädie. München: Saur. Bisher: Band 1: Aachen-
      Boguslawski. [**DBE**]
337 Fabian, Bernhard / Gorzny, Willi (Hrsg., 1982-85): Deutsches
      biographisches Archiv: eine Kumulation aus 254 der
      wichtigsten biographischen Nachschlagewerke für den
      deutschen Bereich bis zum Ausgang des 19. Jahrhunderts.
      München: Saur. - 1437 Microfiches. [**DBA**]
338 Historische Kommission bei der Bayerischen Akademie der Wis-
      senschaften (Hrsg., 1953 ff.): Neue Deutsche Biographie.
      Band 1 ff. Bis 1994: Band 1-17 (bis: *Moller*) Berlin:
      Duncker und Humblot. [**NDB**]

339   Historische Commission bei der Königlichen Akademie der Wis-
       senschaften (Hrsg., 1875-1912): Allgemeine Deutsche
       Biographie. 56 Bände. Leipzig: Duncker und Humblot.
       Reprint Berlin: Duncker und Humblot 1967. [**ADB**]

3.16   Literaturdidaktik

340   Schuster, Karl (1995): Einführung in die Fachdidaktik Deutsch. 5.,
       überarb. Aufl. Baltmannsweiler: Schneider Hohengehren.
       - VII, 262 S. - 1. Aufl. 1992.

341   Müller-Michaels, Harro (1994): Deutschkurse. Modell und Erpro-
       bung angewandter Germanistik in der gymnasialen Ober-
       stufe. 2., erg. Aufl. Weinheim: Beltz Athenäum. (Stu-
       dienbuch Germanistische Didaktik) - 299 S. - 1. Aufl.
       1987.

342   Lange, Günter (Hrsg., 1994): Taschenbuch des Deutschunterrichts.
       Grundfragen und Praxis der Sprach- und Literaturdidak-
       tik. 2 Bände. 5., vollst. überarb. Aufl. (des von Erich
       Wolfrum begr. Werkes). Baltmannsweiler: Schneider
       Hohengehren. - XVI, 886 S. - 1. Aufl. 1972.

343   Fritzsche, Joachim (1994): Zur Didaktik und Methodik des
       Deutschunterrichts. 3 Bände. Stuttgart: Klett. - 117; 293;
       277 S.

344   Eckhardt, Juliane (Hrsg., 1994): Literaturunterricht in Europa:
       Schulpraxis, Geschichte und literaturdidaktische Diskus-
       sion. Baltmannsweiler: Schneider Hohengehren. - IX,
       218 S.

345   Beisbart, Ortwin / Marenbach, Dieter (1994): Einführung in die
       Didaktik der deutschen Sprache und Literatur. 6., erneut
       bearb. Aufl. Donauwörth: Auer. - 295 S. - 1. Aufl. 1975.

346   Lange, Günter (1993): Textarten - didaktisch. Eine Hilfe für den
       Literaturunterricht. Baltmannsweiler; Schneider Hohen-
       gehren. - V, 192 S.

197   Nündel: Lexikon zum Deutschunterricht.

347   Hopster, Norbert (Hrsg., 1984 ff.): Handbuch "Deutsch". Für
       Schule und Hochschule. Sekundarstufe I. Paderborn:
       Schöningh. (UTB. Große Reihe) - 378 S.

348 Baurmann, Jürgen / Hoppe, Otfried (Hrsg., 1984): Handbuch für Deutschlehrer. Stuttgart: Kohlhammer. (Kohlhammer Handbücher Schulpraxis) - 469 S.

349 Zabel, Hermann (Hrsg., 1981): Studienbuch: Einführung in die Didaktik der deutschen Sprache und Literatur. Paderborn: Schöningh. (Studienbücher zur Sprach- und Literaturdidaktik. 1) - 395 S.

350 Müller-Michaels, Harro (Hrsg., 1980): Positionen der Deutschdidaktik seit 1949. Kronberg: Scriptor. (Scriptor-Taschenbücher. 126) - XII, 259 S.

351 Boueke, Dietrich (Hrsg., 1979): Deutschunterricht in der Diskussion. Forschungsberichte. 2., erw. und bearb. Aufl. 2 Bände. Paderborn: Schöningh. - (UTB. 403.409) - 446; 451 S. - 1. Aufl. 1974.

352 Boueke, Dietrich u. a. (Hrsg., 1978): Bibliographie Deutschunterricht. 3., überarb. und erg. Aufl. Paderborn: Schöningh. (UTB. 230) - 254 S. - 1. Aufl. 1973. Dazu ergänzend: Boueke, Dietrich (Hrsg., 1984): Bibliographie Deutschunterricht. Ergänzungsband 1977-1984. Ein Auswahlverzeichnis. Paderborn: Schöningh. (UTB. 1333) - 188 S.

3.17 Kinder- und Jugendliteratur

353 Hurrelmann, Bettina (Hrsg., 1995): Klassiker der Kinder- und Jugendliteratur. Frankfurt a. M.: Fischer Taschenbuchverlag. (FTB 12668) - 581 S.

354 Raecke, Renate / Hohmeister, Elisabeth (1993): Das Kinderbuch. Eine Auswahl von Kinderbüchern aus aller Welt. Bibliographie der Fachliteratur von Birgit Dankert. München: Arbeitskreis für Jugendliteratur. - XIII, 210 S.

355 Wild, Reiner (Hrsg., 1990): Geschichte der deutschen Kinder- und Jugendliteratur. Stuttgart: Metzler. - X, 476 S.

356 Klotz, Aiga (1990 ff.): Kinder- und Jugendliteratur in Deutschland 1840-1950. Gesamtverzeichnis der Veröffentlichungen in deutscher Sprache. [Geplant:] 6 Bände. Bis 1994: Band 1-3 (bis: *Q*). Stuttgart: Metzler. (Repertorien zur deutschen Literaturgeschichte. 11).

357 Eckhardt, Juliane (1987): Kinder- und Jugendliteratur. Darmstadt: Wissenschaftliche Buchgesellschaft. (Erträge der Forschung. 247) - VI, 250 S.

358 Haas, Gerhard (1984): Kinder- und Jugendliteratur. Ein Handbuch. 3., völlig neu bearb. Aufl. Stuttgart: Reclam. - 390 S. - 1. Aufl. 1974.

359 Doderer, Klaus (Hrsg., 1975-82): Lexikon der Kinder- und Jugendliteratur. Personen-, Länder- und Sachartikel zu Geschichte und Gegenwart der Kinder- und Jugendliteratur. 3 Bände und ein Erg.- und Reg.-Band. Weinheim: Beltz.

360 Brüggemann, Theodor / Ewers, Hans-Heino / Brunken, Otto (Hrsg., 1982 ff.): Handbuch zur Kinder- und Jugendliteratur. Bisher 3 Bände. Stuttgart: Metzler.

4 SAMMLUNGEN

4.1 Texte und Erläuterungen

361 Best, Otto F. / Schmitt, Hans-Jürgen (Hrsg., 1976 u. ö.): Die deutsche Literatur. Ein Abriß in Text und Darstellung. 16 Bände. Verschiedene Auflagen. Stuttgart: Reclam. (RUB. 9601-9664).

4.2 Textsammlungen

362 Echtermeyer, Theodor / Wiese, Benno von (Begr., 1993): Deutsche Gedichte von den Anfängen bis zur Gegenwart. Das 20. Jahrhundert durchges. und bearb. von Elisabeth Katharina Paefgen. 18. Aufl. Düsseldorf: Cornelsen. - 799 S.

363 Killy, Walther (Hrsg., 1963-83): Die deutsche Literatur. Texte und Zeugnisse. 7 Bände. München: Beck. Taschenbuchausgabe: Deutscher Taschenbuchverlag 1988.

4.3 Interpretationssammlungen

4.3.1 Bibliographische Sammlungen

364 Schlepper, Reinhard (1991): Was ist wo interpretiert? Eine bibliographische Handreichung für das Lehrfach Deutsch. 8.,

völlig überarb. Aufl. Paderborn: Schöningh. 184 S. - 1. Aufl. 1970.

27 Schmidt: Quellenlexikon.

4.3.2 *Nach Gattungen*

4.3.2.1 *Epik*

365 Lehmann, Jakob (Hrsg., 1986): Deutsche Romane von Grimmelshausen bis Walser. Interpretationen für den Literaturunterricht. 2 Bände. 3. Aufl. Frankfurt a. M.: Scriptor. (Scriptor-Taschenbücher. 166/167) - 600 S.

366 Wiese, Benno von (Hrsg., 1982-1986): Die deutsche Novelle von Goethe bis Kafka. Interpretationen. 2 Bände. Düsseldorf: Bagel. - 352; 357 S.

367 Lehmann, Jakob (Hrsg., 1982): Interpretationen moderner Kurzgeschichten. 13. Aufl. Frankfurt a. M.: Diesterweg. - 118 S.

368 Lehmann, Jakob (Hrsg., 1980): Deutsche Novellen von Goethe bis Walser. Interpretationen für den Deutschunterricht. 2 Bände. Königstein/Ts.: Scriptor. - 326; 302 S.

369 Schillemeit, Jost (Hrsg., 1966 u. ö.): Interpretationen. Band 3: Deutsche Romane von Grimmelshausen bis Musil. - 320; Band 4: Deutsche Erzählungen von Wieland bis Kafka. - 340 S. - Frankfurt a. M.: Fischer Taschenbuchverlag. (FTB. 6022. 6023).

370 Wiese, Benno von (Hrsg., 1963 u. ö.): Der deutsche Roman vom Barock bis zur Gegenwart. Struktur und Geschichte. 2 Bände. Düsseldorf: Bagel. - 442; 455 S.

4.3.2.2 *Lyrik*

371 Gedichte und Interpretationen (1982 u. ö.). 6 Bände. Stuttgart: Reclam (RUB. 7890-95).

372 Wiese, Benno von (Hrsg., 1981): Die deutsche Lyrik. Form und Geschichte. Interpretationen. 2 Bände. Düsseldorf: Bagel. - 447; 511 S.

373 Wiese, Benno von (Hrsg., 1970): Die deutsche Lyrik vom Mittelalter bis zur Gegenwart. 6. Aufl. 2 Bände. Düsseldorf: Bagel. - 477; 512 S. - 1. Aufl. 1956.

374 Schillemeit, Jost (Hrsg., 1965 u. ö.): Interpretationen. Band 1:
Deutsche Lyrik von Weckherlin bis Benn. Frankfurt a.
M.: Fischer Taschenbuchverlag. (FTB. 6020) - 338 S.

4.3.2.3 Dramatik

375 Müller-Michaels, Harro (Hrsg., 1985/94): Deutsche Dramen. Interpretationen zu Werken von der Aufklärung bis zur Gegenwart. 2 Bände. Weinheim: Beltz Athenäum. (Studienbücher Literaturwissenschaft) - 238; 235 S.

376 Wiese, Benno von (1973): Die deutsche Tragödie von Lessing bis
Hebbel. 2 Teile. Hamburg: Hoffmann u. Campe.- 712 S.

377 Schillemeit, Jost (Hrsg., 1965 u. ö.): Interpretationen. Band 2:
Deutsche Dramen von Gryphius bis Brecht. Frankfurt a.
M.: Fischer Taschenbuchverlag. (FTB. 6021) - 340 S.

378 Wiese, Benno von (Hrsg., 1958 u. ö.): Das deutsche Drama vom
Barock bis zur Gegenwart. Interpretationen. 2 Bände.
Düsseldorf: Bagel. - 500; 463 S.

4.4 Roman- und Schauspielführer, Führer zu Kindertheater, Film usw.

379 Schmidt, Klaus M. / Schmidt, Ingrid (1995): Lexikon Literaturver-
filmungen. Deutschsprachige Filme 1945-1990. Stuttgart:
Metzler. - X, 473 S.

380 Reclams Kindertheaterführer (1994): 100 Stücke für eine junge
Bühne. Hrsg. vom Kinder- und Jugendtheaterzentrum in
der Bundesrepublik. Stuttgart: Reclam. - 378 S.

381 Krusche, Dieter (1993): Reclams Filmführer. 9., neu bearb. und
erw. Aufl. Stuttgart: Reclam. - 822 S.

382 Hensel, Georg (1992): Spielplan. Der Schauspielführer von der
Antike bis zur Gegenwart. 2., erw. und überarb. Aufl.
München: List. - 1734 S. - 1. Aufl. 1966.

383 Klemm, Imma (Hrsg., 1991): Deutscher Romanführer. Stuttgart:
Kröner. (Kröners Taschenausgabe. 370) - XIII, 527 S.

384 Kienzle, Siegfried (1990): Schauspielführer der Gegenwart: 910
Stücke von 175 Autoren auf dem Theater seit 1945. 5.,
überarb. Aufl. Stuttgart: Kröner. - (Kröners Taschenausgabe. 369) - VII, 661 S.

385   Alpers, Hans-Joachim u. a. (1990): Lexikon der Science-fiction-
       Literatur. Erw. und aktualis. Neuausg. in einem Band.
       München: Heyne. (Heyne-Bücher. 7287) - 1272 S.

386   Kathrein, Karin (1989): Rororo-Schauspielführer. Von Aischylos
       bis Botho Strauß. Reinbek: Rowohlt. (rororo. 6996) - 595
       S. - 1. Aufl. 1981.

387   Alpers, Hans Joachim u. a. (1982): Reclams Science-Fiction-
       Führer. Stuttgart: Reclam. - 503 S.

388   Beer, Johannes (Hrsg., 1981): Reclams Romanführer. 2 Bände.
       Stuttgart: Reclam. (RUB. 8828/8862) - 705; 706 S.

389   Gregor, Joseph / Dietrich, Margret u. a. (Hrsg., 1953 ff.): Der
       Schauspielführer. Bis 1993: 15 Bände. Stuttgart: Hierse-
       mann.

390   Olbrich, Wilhelm u. a. (Hrsg., 1950 ff.): Der Romanführer. Der
       Inhalt der Romane und Novellen der Weltliteratur. Bis
       1994: 28 Bände. Stuttgart: Hiersemann.

5   WICHTIGE NACHSCHLAGEWERKE DER NACHBARWISSENSCHAFTEN

5.1   Klassische Philologie

391   Hunger, Herbert (1988): Lexikon der griechischen und römischen
       Mythologie mit Hinweisen auf das Fortwirken antiker
       Stoffe und Motive in der bildenden Kunst, Literatur und
       Musik des Abendlandes bis zur Gegenwart. 8., erw. Aufl.
       Wien: Hollinek. - XI, 557 S. - Taschenbuchausgabe:
       Reinbek: Rowohlt 1985 (rororo. 6178). [**Hunger Lex**]

392   Lexikon der Alten Welt (1965). Zürich: Artemis. - XV, 3524 Sp.

393   Klauser, Theodor (Hrsg., 1950 ff.): Reallexikon für Antike und
       Christentum. Sachwörterbuch zur Auseinandersetzung des
       Christentums mit der antiken Welt. Bis 1995: Band 1-17
       (bis: *Jenseitsfahrt*) und 1 Supplementband (bis: *Barbar*).
       Stuttgart: Hiersemann. [**RAC**]

394   Pauly, August Friedrich / Wissowa, Georg (1893 ff.): Real-Ency-
       clopädie der classischen Altertumswissenschaft. Neue Be-
       arb. Reihe 1: Halbband 1-47. Reihe 2: Halbband 1-19. -
       Band 1-15. Index und Reg. Stuttgart: Metzler; seit 1964
       Stuttgart: Druckenmüller. [**RE** oder **Pauly-Wissowa**]

395   Ziegler, Konrad / Sontheimer, Walther (Hrsg., 1964-1975): Der
       kleine Pauly. Lexikon der Antike. Auf der Grundlage von
       Pauly's Realencyclopädie der classischen Altertumswis-
       senschaften. 5 Bände. Stuttgart: Druckenmüller. Taschen-
       buchausgabe: München: Deutscher Taschenbuchverlag.
       [Der kleine Pauly]

5.2   Theologie

5.2.1   Evangelische Theologie

396   Galling, Kurt (Hrsg., 1956-1965): Die Religion in Geschichte und
       Gegenwart. Handwörterbuch für Theologie und Religi-
       onswissenschaft. 3., völlig neu bearb. Aufl. 6 Bände und
       Reg.-Band. Tübingen: Mohr. Taschenbuchausgabe:
       Tübingen: Mohr 1986 (UTB. Große Reihe). **[RGG]**
397   Krause, Gerhard / Müller, Gerhard (1976 ff.): Theologische Real-
       enzyklopädie. Bis 1954: Band 1-24 (bis: *Obrigkeit*).
       Berlin: de Gruyter. **[TRE]**

5.2.2   Katholische Theologie

398   Buchberger, Michael (Begr., 1957-1968): Lexikon für Theologie
       und Kirche. 2. Aufl. hrsg. von Josef Höfer und Karl
       Rahner. 10 Bände, 1 Registerband und 3 Supplement-
       Bände. Freiburg: Herder. - 3. Aufl. 1993 ff. hrsg. von
       Walter Kasper. Bis 1995: Band 1-2 (bis: *Damados*).
       Freiburg: Herder. **[LThK]**

5.3   Philosophie

399   Schmidt, Heinrich (Begr., 1991): Philosophisches Wörterbuch. 22.
       Aufl. Stuttgart: Kröner. (Kröners Taschenausgabe. 13) -
       XI, 817 S.
400   Lutz, Bernd (Hrsg., 1989): Metzler Philosophen-Lexikon. 300 bio-
       graphisch-werkgeschichtliche Porträts von den Vorsokra-
       tikern bis zu den Neuen Philosophen. Stuttgart: Metzler. -
       851 S.

401 Röd, Wolfgang (Hrsg., 1978-1989): Geschichte der Philosophie.
10 Bände. 2., überarb. und erw. Aufl. München: Beck. -
1. Aufl. 1976.

402 Krings, Hermann / Baumgartner, Michael / Wild, Christian
(Hrsg., 1973-1974): Handbuch philosophischer Grundbegriffe. 3 Bände. München: Kösel. - 1872 S. [HPhG]

403 Ritter, Joachim / Gründer, Karlfried (Hrsg., 1971 ff.): Historisches
Wörterbuch der Philosophie. Bis 1994: Band 1-8 (bis:
scientific). Basel: Schwabe. [HWP]

5.4   Kunst

404 Meißner, Günter (Begr., 1983 ff.): (Saur) Allgemeines Künstlerle-
xikon. Die bildenden Künstler aller Zeiten und Völker.
Bis 1995: Band 1-11 (bis: *Bobrov*). Leipzig: Seemann, ab
Band 5: München: Saur. - Neubearbeitung von Thieme/
Becker (Nr. 409).

405 Vollmer, Hans (Hrsg., 1953-1962): Allgemeines Lexikon der bildenden Künstler des 20. Jahrhunderts. 6 Bände. Leipzig:
Seemann. Reprint Leipzig: Seemann 1976-82. - Taschenbuchausgabe: Deutscher Taschenbuchverlag 1992.

406 Schmitt, Otto (Begr., 1937 ff.): Reallexikon zur deutschen Kunst-
geschichte. Bis 1990: 8 Bände (bis: *Firnis*). Verschiedene
Verlage. Jetzt: München: Beck. [RDK]

407 Thieme, Ulrich / Becker, Felix (Hrsg., 1907-1950): Allgemeines
Lexikon der bildenden Künstler von der Antike bis zur
Gegenwart. 37 Bände. Leipzig: Seemann. - Reprint 1967-
68. - Taschenbuchausgabe: München: Deutscher Taschenbuchverlag 1992. [**Thieme/Becker**]

5.5   Musik

408 Blume, Friedrich (Begr., 1994 ff.): Die Musik in Geschichte und
Gegenwart. Allgemeine Enzyklopädie der Musik. Hrsg.
von Ludwig Finscher. 2., neu bearb. Aufl. [Geplant:] 20
Bände. Bis 1995: 2 Bände (bis: *Encyclopédie*). Kassel:
Bärenreiter, Stuttgart: Metzler. [**Neue MGG**]

409 Dahlhaus, Carl / Eggebrecht, Heinrich (Hrsg., 1978 f.): Brock-
haus-Riemann-Lexikon. 2 Bände. Wiebaden: Brockhaus,
Mainz: Schott. [**Brockhaus-Riemann**]

410   Blume, Friedrich (Hrsg., 1951-86): Die Musik in Geschichte und
      Gegenwart. Allgemeine Enzyklopädie der Musik. 17
      Bände. Kassel: Bärenreiter. - Taschenbuchausgabe: 17
      Bände. München: Deutscher Taschenbuchverlag 1989.
      [MGG]

5.6   Geschichte

411   Brunner, Otto (Begr., 1972-1992): Geschichtliche Grundbegriffe.
      Historisches Lexikon zur politisch-sozialen Sprache in
      Deutschland. 7 Bände. Stuttgart: Klett-Cotta.
412   Gebhardt, Bruno (1970-1976): Handbuch der deutschen Ge-
      schichte. 9., neu bearb. Aufl. hrsg. von Herbert Grund-
      mann. 4 Bände. Stuttgart: Unionverlag. - Taschenbuch-
      ausgabe: München: Deutscher Taschenbuchverlag 1973
      ff. [Gebhardt Hb]

5.7   Soziologie

413   Hillmann, Karl-Heinz (Hrsg., 1994): Wörterbuch der Soziologie.
      4., neu bearb. Aufl. Stuttgart: Kröner. (Kröners Taschen-
      ausgabe. 410) - XIII, 971 S.
414   Korte, Hermann / Schäfers, Bernhard (Hrsg., 1992 ff.): Einfüh-
      rungskurs Soziologie. 4 Bände. Opladen: Leske und Bud-
      rich.
415   Endruweit, Günter (Hrsg., 1989): Wörterbuch der Soziologie.
      München: Deutscher Taschenbuchverlag. (dtv. 3289) -
      XI, 872 S.

5.8   Recht

416   Erler, Adalbert / Kaufmann, Ekkehard (Hrsg., 1964 ff.): Hand-
      wörterbuch zur deutschen Rechtsgeschichte. [Geplant:] 5
      Bände. Bis 1990: Band 1-4 (bis: *Strafprozeßordnung*).
      Berlin: Erich Schmidt. [HwbDRG]

5.9   Buchwesen

417   Funke, Fritz (1992): Buchkunde. Ein Überblick über die Ge-
      schichte des Buch- und Schriftwesens. 5., neu bearb.
      Aufl. München: Saur. - 393 S.

418   Hiller, Helmut (1991): Wörterbuch des Buches. 5., vollst. neu be-
      arb. Aufl. Frankfurt a. M.: Klostermann. - 354 S.

419   Corsten, Severin / Pflug, Günther (Hrsg., 1985 ff.): Lexikon des
      gesamten Buchwesens. 2., völlig neu bearb. Aufl.
      [Geplant:] 6 Bände. Bis 1994: Band 1-4 (bis: *Lyser*).
      Stuttgart: Hiersemann.

5.10   Pädagogik

420   Roth, Leo (Hrsg., 1994): Pädagogik. Handbuch für Studium und
      Praxis. Studienausgabe. München: Ehrenwirth. - XVI,
      1157 S.

421   Böhm, Winfried (1994): Wörterbuch der Pädagogik. 14., überarb.
      Aufl. Stuttgart: Kröner. (Kröners Taschenausgabe. 94) -
      X, 759 S.

422   Schiefele, Hans / Krapp, Andreas (Hrsg., 1985): Handlexikon zur
      pädagogischen Psychologie. München: Ehrenwirth. -
      XIV, 452 S.

5.11   Psychologie

423   Dorsch, Friedrich (Hrsg., 1994): Psychologisches Wörterbuch.
      12., überarb. und erw. Aufl. Bern: Huber. - X, 1068 S.

424   Asanger, Roland / Wenninger, Gerd (1994): Handwörterbuch Psy-
      chologie. 5. Aufl. Weinheim: Beltz. - IX, 924 S.

425   Schmidbauer, Wolfgang (1993): Psychologie. Lexikon der Grund-
      begriffe. Neu bearb. Ausg. Hamburg: Rowohlt. (rororo.
      6335) - 216 S.

426   Tewes, Uwe / Wildgrube, Klaus (Hrsg., 1992): Psychologie-Lexi-
      kon. München: Oldenbourg. - VI, 428 S.

5.12   Volkskunde / Märchen / Aberglaube

427   Weber-Kellermann, Ingeborg (1985): Einführung in die Volks-
      kunde, europäische Ethnologie. Eine Wissenschaftsge-
      schichte. 2., erw. und erg. Aufl. Stuttgart: Metzler.
      (Sammlung Metzler. 79) - XII, 164 S.
428   Ranke, Kurt u. a. (Hrsg., 1977 ff.): Enzyklopädie des Märchens.
      Handwörterbuch zur historischen und vergleichenden Er-
      zählforschung. [Geplant:] 12 Bände. Bis 1995: Band 1-8
      (bis: *Korea*). Berlin: de Gruyter. [EM]
429   Bächtold-Stäubli, Hanns (Hrsg., 1927-1942): Handwörterbuch des
      deutschen Aberglaubens. 10 Bände. Berlin: de Gruyter.
      Reprint 1966-1970. [HwbDA]

6   VORSCHLAG FÜR EINE PRIVATE HANDBIBLIOTHEK

Nr. 6 (Kürschner, Taschenbuch Linguistik); Nr. 7 (Meyer-Krentler)
oder 8 (Standop) oder 9 (Sesink); Nr. 19 (Raabe) oder 20 (Blinn) oder 21
(Hansel); Nr. 93 (Fricke/Zymner); Nr. 151 (MLL) oder 152 (Wilpert);
Nr. 175 (Dürscheid/Kircher/Sowinski) oder 177 (Gutzen/Oellers/Peter-
sen); Nr. 180 (Metzler Autoren-Lexikon) oder 181 (Killy, Autorenlexikon); eine Literaturgeschichte aus Nr. 225-247 und eine Einführung in
die Literaturdidaktik aus Nr. 340-351 nach Empfehlung Ihres Dozenten.

7   BIBLIOTHEK DES TÄGLICHEN BEDARFS

Zusätzlich zur Handbibliothek: 30 (Köttelwesch, Handbuch), 31
(Taschengoedeke), 34 (Goedeke, Grundriß), 35 (Arbitrium), 36 (BDSL),
37 (Germanistik), 38 (Eppelsheimer bzw. Köttelwesch), 117 (Hamburger), 118 (Knörrich), 120 (Stanzel, Theorie des Erzählens), 121
(Stanzel, Roman), 122 (Lämmert), 126 (Pfister, Drama), 127 (Klotz,
Drama), 136 (Lausberg), 137 (Frenzel, Stoffe), 138 (Frenzel, Motive),
139 (Rinsum Literarische Gestalten), 143 (Neues Handbuch Literaturwissenschaft), 145 (KNLL), 146 (Literatur-Brockhaus), 169 (Ludwig, EDV),
172 (Raabe, Quellenrepertorium), 173 (Handbuch der Editionen), 174
(Aufriß), 188 (Killy, Literaturlexikon), 196 (Reallexikon), 201 (Breuer,
Versgeschichte), 206 (Paul/ Glier, Metrik).